TU CAMINO HACIA LA PROSPERIDAD

5 Pasos para convertirte en
una persona próspera

Diana C. Gonzalez E.

¿QUÉ ENCONTRARÁS EN ESTE LIBRO?

Este libro es una segunda edición, y la he escrito 4 años después de su primera versión. Me doy cuenta de cómo me he reinventado en estos 4 años, como era antes mi manera de pensar, y como ahora es distinta; soy una versión mejorada de mí misma. Siempre nos estamos reinventando, me di cuenta de que la versión que tenía de la prosperidad se ha actualizado y por lo tanto me di a la tarea de actualizar este libro, para transmitir un mensaje más acorde con mi ser. Después de decir todo esto empecemos.

Alguna vez te has preguntado ¿Cómo atraer abundancia y prosperidad a tu vida? En «Tu camino hacia la prosperidad», descubrirás las claves para convertirte en una persona próspera.

Una verdadera prosperidad, se alcanza cuando eres rico y abundante: en dinero, en familia, en amigos, en salud, en pensamientos positivos y en absolutamente todo lo que deseas en tu vida. Nacimos para vivir en prosperidad y abundancia de todo lo que nos pertenece y nos corresponde.

Como seres creadores que somos, creamos nuestra propia realidad cada día. Es momento que descubras cómo utilizar tu poder interior para vivir la vida que deseas. Inicia hoy mismo tu camino hacia la prosperidad.

En este libro encontrarás herramientas poderosas que te permitirán crear la realidad que siempre soñaste. Es un manual y una guía paso a paso, en donde te iras descubriendo a ti mismo e irás creando la vida que deseas. Tu oportunidad es ahora, de iniciar cambios poderosos en tu vida y abrirte a un mundo lleno de posibilidades. Las posibilidades son infinitas.

PRÓLOGO

Primero que nada, quiero darte las gracias, por haber tenido la iniciativa de transformar tu vida. He escrito este libro con la finalidad de mostrarte un camino, unos pequeños pasos que te ayuden a convertirte en una persona próspera. El mismo, parte de mi propia experiencia y la experiencia de otras personas, a las cuales he ayudado a convertirse en la persona que realmente quieren ser, a través de los procesos de transformación que realizo.

El camino hacia aquí no fue fácil, me encontraba en un punto en donde estaba atrapada, en mi propia vida. Desconocía: mi poder interior de creación y la fuerza del pensamiento positivo. Vivía el día a día con miedos, temores e inseguridades, con respecto al futuro, la economía, el dinero y un millón de cosas más. Creyendo que mi vida y mis resultados, dependía de la situación económica del país, del mundo, del gobierno, del desempleo, de la crisis e incluso de lo que pensaran otros de mí.

En definitiva, me percaté, que mi vida no era mía, sino que dependía de la sociedad en la que vivía, me estaba dejando controlar por mis miedos. Cuando veía televisión, leía periódicos o hablaba con la gente; todos coincidían en lo mismo: había crisis, desempleo, inseguridad, violencia, hasta el punto, en el cual me lo creí. Por lo tanto, fue la realidad que cree, y en la cual vivía.

Un día me di cuenta, que ya era suficiente, una serie de circunstancias me llevaron a tocar fondo y me sentí impulsada a salir, a vivir de manera diferente. Empecé a buscar un nuevo camino y en esa búsqueda encontré, a mi primera maestra y mentora "Louise Hay". Con ella fui consciente, por primera vez, que yo era la única responsable de mi situación actual. Con mis pensamientos había creado mi realidad.

Así que era momento de cambiar, lo cual me permitió, encontrarme a mí misma; en ese viaje, descubrí cual era el propósito de mi vida. Quería contribuir y apoyar a las personas a que transformaran su vida, mostrarles un nuevo camino; de manera que pudieran desarrollar su máximo potencial. Descubrir sus dones naturales, hacer lo que aman y vivir sin presiones monetarias; dándose a sí mismos, la vida que desean y merecen.

Mi propósito de vida, ha dejado de ser un sueño y se ha convertido en una realidad, que vivo día a día. Me convertí en una influenciadora y una defensora del crecimiento personal, de la espiritualidad, del pensamiento positivo. Me encanta, mostrarles a las personas cómo pueden crear su propia realidad.

En mi proceso de evolución y crecimiento me convertí en Coach personal con PNL (Programación Neurolingüística), mediante mis sesiones les enseñó a las personas a reprogramar sus pensamientos y enfocarse en lo que, si desean, hasta que se vuelva su realidad. Gracias a la facilidad del internet, me puedo conectar con muchas personas alrededor del mundo, y los llevó de la mano durante todo su camino de transformación.

Tú puedes ser uno de ellos, si lo deseas contáctame ahora mismo, envíame un correo electrónico a AtraeTuIdeal@gmail.com y solicita tu sesión de *coaching* gratuita. Me encantará ayudarte y apoyarte durante la creación de la realidad que deseas. Lo que experimentaras, en este proceso de transformación, es descubrir una nueva manera de vivir, atrayendo a tu vida absolutamente todo lo que deseas, no existe razón para vivir en escasez, si puedes vivir de manera Extraordinaria.

Te invito que visites ahora mismo mi canal de YouTube "Diana Gonzalez. Mentora Transformacional", en él que semana a semana comparto *tips*, técnicas y maneras de manifestar la realidad que deseas, Dirígete ahora mismo al siguiente enlace:

https://www.youtube.com/c/
DianaGonzalezMentoraTransformacional

Además, puedes encontrarme en Facebook o Instagram como @dianagonzalezmentor

Escanea este código QR, para acceder al
Canal de YouTube.

Antes de despedirme, quiero decirte que, aunque el universo siga igual, en la medida que tú cambies, tu percepción se modifica, empiezas a ver el mundo de una manera totalmente diferente. Yo lo viví y lo vivo cada día, nunca se detiene, es una evolución constante. La única manera que lo puedas entender, es experimentarlo en tu propio ser. Precisamente, eso es lo que está oculto en las páginas de este libro, un camino lleno de sabiduría. Encontrarás, diferentes ejercicios, pequeños pasitos para obtener un gran resultado. Así que adelante, es momento de iniciar tu transformación.

CONTENIDO

PASO 1: CAMBIANDO TU MENTALIDAD

Todo empieza con un cambio de mentalidad. Antes que nada, déjame darte la bienvenida a tu nueva y próspera vida. Has tomado la decisión correcta. Es momento de dejar atrás el pasado, e iniciar un nuevo camino, que te conducirá hacia la vida que realmente deseas. Si este libro ha caído en tus manos es porque ahora te encuentras en la búsqueda de la prosperidad.

Por ello, es importante conocer en qué consiste exactamente la prosperidad y, sobre todo, qué es la prosperidad para ti. Según tu criterio: ¿Qué significa ser próspero? Y ¿cómo sabrás si has alcanzado la prosperidad? Puedes pensar que la prosperidad es un concepto universal; que todo el mundo sabe lo que es. Sin embargo, todos tenemos criterios diferentes, que se van gestando en concordancia con las experiencias vividas. En consecuencia, tu idea de la prosperidad puede ser distinta a la que manejan otras personas. No existe un criterio exacto sobre lo que es cierto o es falso, lo que es verdadero o no, lo que es bueno o malo, simplemente es cuestión de creencias.

Sin embargo, lo que para ti es cierto, lo será. Porque ves el mundo desde tu propia perspectiva. Es como mirar a través de unos prismáticos: solo puedes captar aquello que tu campo de visión te permite ver.

Otro aspecto importante es definir, realmente qué deseas con tu vida. Puedes pensar que deseas prosperidad, pero pregúntate si de verdad estás en la búsqueda de la prosperidad, o de algo más. La mayoría de las personas, alrededor del mundo, no saben qué desean. Transitan por sus propias vidas como robots, cumpliendo lo que se supone que tienen que hacer; como puede ser: conseguir un empleo, casarse, tener hijos, comprar una casa, y disfrutar de la jubilación. No es que esté bien o mal seguir ese plan de vida. Lo importante es descubrir, si es lo que de verdad deseas... O si simplemente dejas que la vida suceda de un modo, porque debe ser así, según la sociedad en la que vives.

Pero cuidado, las opiniones de cada sociedad son también relativas. Pongamos por ejemplo a la poligamia, en al menos 47 países es legal; quizá desde tu sistema de creencias crees que no es correcto vivir de esa manera. Sin embargo, para los que viven dentro de esas sociedades, lo perciben de manera diferente. Este es un ejemplo sencillo, pero existen miles de situaciones en las que podemos identificar que nos define, el lugar donde nacemos, la sociedad en la que vivimos y las personas con las que nos relacionamos.

Por otra parte, me gustaría que reflexionaras sobre otros aspectos: ¿eres feliz con los resultados que has obtenido en las diferentes áreas de tu vida? ¿O sigues en la búsqueda de algo más? Quizás no sabes realmente lo que estás buscando. Simplemente detectas que te falta algo, que hay un vacío en tu interior y buscas de algún modo llenarlo. El principal vacío que queremos llenar proviene de nuestra propia necesidad de amor y aceptación. Tal vez nunca nos sentimos amados o queridos por nuestros padres, y ahora buscamos llenar esa falta de amor con algo más.

Posiblemente con relaciones vacías, que repetimos periódicamente y siempre terminan mal. O con posesiones materiales, o reconocimientos. Y es posible que el problema original no haya sido que nuestros padres no nos amaran, sino que en un nivel inconsciente no nos sentimos amados. Por consiguiente, si tienes hijos, procura que se sientan amados todos los días. No asumas que ellos saben que los amas. Demuéstraselos con acciones y palabras, abrázalos, y sobre todo usa él "Te amo". Igual con tu pareja y todos tus seres queridos, y verás cómo una simple acción hace la diferencia.

Volviendo al tema principal, ¿sabes realmente lo que quieres? Quizás dices que quieres prosperidad, ya que todo el mundo habla de ella, se te hace atractiva y, en definitiva, si la quieres en tu vida. Sin embargo, aunque deseas otra cosa, le pones el título de prosperidad porque es lo que conoces. El título importa poco, lo realmente importante es tener la CLARIDAD de saber lo que realmente deseas.

Más adelante te estaré hablando sobre qué es la prosperidad, entenderás a un nivel más profundo lo que significa realmente ser una persona próspera. Por ahora, date cuenta de que sin importar en el momento en el cual te encuentres, ya eres una persona próspera, nada más mira lo que tienes a tu alrededor.

Quizás para ti tus posesiones sean algo natural, sin embargo, en el mundo existen muchas personas que no tienen nada de ello.

Veamos, cuál es tu nivel de prosperidad, responde SI, en el caso de que tengas algo de lo siguiente: un empleo, una familia, amigos, un lugar donde vivir, comida en tu mesa todos los días; además, cuentas con dinero, pudiste comprar este libro y lo estás leyendo, por supuesto, tienes internet, ya que de esa manera pudiste acceder a la página de ventas y adquirir este ejemplar; puede ser que incluso, el internet o el libro, no sean tuyos, quizás alguien te lo prestó, un amigo, un vecino, la biblioteca; el camino no importa, lo realmente importante es que tienes acceso a internet, tienes servicios básicos como agua y luz. Mientras que otros, lamentablemente, no lo tienen.

En este mismo orden de ideas, cuentas con el sentido de la vista y gracias a él, estás leyendo este libro. ¿Te das cuenta de lo bendecido que eres?

Estoy segura, que has respondido «Sí», más de una vez a las declaraciones anteriores. ¿Entonces, realmente crees que NO tienes prosperidad en tu vida? Primero que nada, déjame felicitarte ya eres una persona próspera, siéntete orgulloso y feliz de ti mismo.

Inequívocamente, empiezas a ver las situaciones desde una perspectiva diferente. Déjame repetirlo: ¿Te das cuenta de que en realidad sí tienes prosperidad? Si has respondido «Sí», y sé que lo has hecho, lo que necesitas ahora, es aprender a elevar tu nivel de prosperidad, de manera que manifiestes en tu vida lo que realmente deseas.

CAMBIANDO LOS PARADIGMAS

Alrededor de tu vida has realizado diferentes tipos de emprendimiento, te has propuesto diferentes metas, como, por ejemplo: estudiar una carrera universitaria, adquirir una casa, realizar un viaje, aprender un idioma, tocar un instrumento. Y un sinfín de cosas más, siempre estamos probando cosas nuevas es nuestro estado natural, en continuo movimiento.

Algunos de esos objetivos, metas, sueños, nunca llegaste a cumplirlos, ya que los dejaste de lado, te rendiste, te pareció muy difícil o quizás perdiste el interés. Sin embargo, existen otras metas que, si cumpliste, las alcanzaste, las llevaste hasta el final, ya que perseveraste hasta conseguirlas, nunca te rendiste. Como, pueden ser: aprender a conducir, graduarte, encontrar un trabajo, realizar un viaje.

Reflexiona por un momento, ¿qué metas has alcanzado en tu vida? ¿Fueron fáciles de alcanzarlas? Estas metas que alcanzaste, son la prueba de que, cuando perseveras y eres constante, logras lo que te propones, quizás al inicio fue difícil, pudiste llegar a pensar que no lo lograrías y ahora cuando vuelves atrás y recuerdas esas experiencias, te das cuenta, de que sí, lo lograste, estás vivo y te encuentras aquí hoy. Eres una prueba viviente de que realmente sí puedes alcanzar en tu vida lo que deseas. Y, entonces, si has alcanzado el éxito en diferentes áreas de tu vida, ¿a qué se debe a que todavía no eres una persona próspera?

Es posible que muchas veces hayas leído un libro, te hayas entusiasmado por algo y, de repente, llega alguien que te comparte un nuevo método más revolucionario y vas de aquí para allá, saltando de una cosa a otra sin terminar o tener éxito en ninguna, y cuando menos te das cuenta, has vuelto a tu estado inicial en donde te encuentras perdido y sin prosperidad en tu vida. ¿Te suena ese escenario? ¿Has vivido algo parecido en tu vida?

Analicemos, qué tan comprometido estás con tu cambio, con tu transformación, con vivir una vida mejor, con obtener lo que deseas, lo que siempre soñaste, con poder pasar más tiempos con tu familia, con poder viajar, pregúntate: ¿Estoy dispuesto a dar lo que se requiere para ser próspero? ¿Estoy dispuesto a invertir tiempo, dinero, a ser constante y PERSEVERANTE hasta alcanzarlo? Si es así, continuemos.

Para empezar, déjame decirte que tú puedes ir más allá de lo que llegaron tus padres, familiares, amigos e incluso tú mismo. Los límites no existen, tú los pones ahí, así que solo tú puedes decidir hasta dónde quieres llegar. Pensemos un momento en los juegos olímpicos, en los deportes, en los récord Guinness, todos son excelente ejemplo de cómo las personas están rompiendo los límites constantemente. Entonces ¿Dónde se encuentran tus límites?

Vayámonos ahora a hablar de historia; cuando se contempló por primera vez, la idea que la tierra era redonda, muchos decían que era imposible y estaban convencidos de que era plana, en la actualidad, sabemos con certeza que vivimos en una esfera, la tierra es redonda, es un hecho demostrado, tenemos evidencias de ello, muchas personas han viajado al espacio y lo han visto, tenemos fotos y videos que lo demuestran, es una realidad irrefutable.

Ahora bien, ¿esto realmente es la realidad?, existen teorías recientes, que sostienen, que vivimos dentro de una Matrix, dentro de un sistema y que en realidad la tierra es plana, es una pantalla. Esto nos hace plantearnos, si todo lo que hemos vivido es cierto, quien dice la verdad y quien no. Te lo dejo a tu propio criterio.

Por otra parte, cuando los hermanos Wright soñaron con volar, hicieron miles de experimentos, de fracasos y no se dieron por vencidos hasta que lo lograron. Gracias a ellos, ahora podemos ver todos los días miles de aviones que surcan el cielo y muy probablemente más de una vez te has montado en uno de ellos; «era un sueño» y ahora es una realidad tan común, que ni siquiera nos damos cuenta del milagro que fue.

Para nosotros, viajar en avión es de lo más normal, no nos detenemos a pensar que hace más de 100 años, esto no era posible; a inicios del siglo XX, voló el primer avión de manera funcional. Las personas de esa época, para recorrer grandes distancias, ir de un continente a otro, viajaban mediante barco, y en su mente no cabía la posibilidad que existiera una manera más rápida de hacerlo o que fuera posible surcar el cielo. Sus limitaciones, no los dejaban ver más allá.

Otro momento que revolucionó la historia, es cuando el hombre soñó con viajar a la Luna, parecía imposible y una vez más la perseverancia y constancia permitió convertir los sueños en realidad.

Estos son solo algunos ejemplos, sin embargo, puedes encontrar muchos más, incluso en tu propia vida, experiencias que has vivido, que pensaste o te dijeron que eran imposibles y, sin embargo, tú las volviste posibles.

Así que la prosperidad solamente es una de ellas, es necesario perseverar hasta que lo alcances, esta palabra «perseverar» es vital y, por ello, verás que la repetiré muchas veces alrededor del libro, ya que es la única manera de alcanzar lo que realmente deseas.

"El que Persevera Triunfa"

Para perseverar, primero que nada, tienes que tener claro un objetivo y, para alcanzarlo, un plan de ejecución. Es posible que, en el proceso de alcanzar tu objetivo, tu plan cambie, ya que existen muchos caminos que llevan a un mismo lugar. Si estás leyendo este libro, es porque realmente quieres perseverar hasta alcanzar tu meta, tu objetivo, hasta convertirte en la persona que realmente quieres ser.

Muy bien, así que es momento que empieces a tomar acción, e inicies la transformación de tu vida hacia la persona que realmente quieres ser. Necesitarás tu mayor disposición, tiempo y estar dispuesto a seguir cada uno de los ejercicios que te estaré compartiendo. Ya que la perseverancia y los hábitos adecuados, te llevarán a un nuevo nivel de conciencia, donde absolutamente todo lo puedes crear.

ENTENDIENDO, ¿QUÉ ES LA PROSPERIDAD?

Un buen punto de partida para tu camino hacia la prosperidad, es entender exactamente qué es la prosperidad. En este apartado, estaremos definiendo diferentes aspectos con relación a la misma. Primero que nada, si quieres ser una persona próspera, tienes que tener claro: ¿Qué es la prosperidad?

Ser próspero, es vivir en un estado mental de prosperidad, es necesario crearlo primero en tu mente para que lo tengas en tu realidad. Por ello, la prosperidad a partir de hoy tiene que ser tu estado natural.

Vivir en prosperidad es tener absolutamente todo lo que deseas en tu vida, vivir una vida equilibrada y feliz. Por ello, es súper importante tu estado mental, cuando vives en prosperidad, te sientes primero que nada feliz, además, te sientes seguro, confías en ti, tienes una autoestima alta, sientes valoración por ti mismo y sabes que absolutamente todo lo que deseas lo puedes alcanzar, por ello, vives constantemente en ese estado. En resumen, te amas a ti mismo y amas la vida que tienes.

Una prosperidad absoluta, llamémosla prosperidad verdadera, es cuando tienes prosperidad en absolutamente todas las áreas de tu vida, es cuando alcanzas el nivel en el que realmente deseas estar, es cuando puedes sentir, que eres libre para vivir la vida que deseas, sin ningún tipo de estrés o presión.

Para llegar a ese estado, tienes que estar conectado, con tu propósito de vida, con la razón por la cual estás aquí hoy. Puede ser que esto te suene un poco espiritual, sin embargo, la única manera de alcanzar la felicidad, es cuando haces lo que realmente amas hacer, es cuando desarrollas tus dones naturales.

Todos tenemos dones, áreas en las cuales destacamos, donde somos excelentes, en donde podemos aportar valor a los demás, donde sobresalimos por encima de otros. Y cada vez que realizamos una actividad en donde ponemos en acción nuestros dones, sentimos una paz interior y lo que hacemos, se nos da de forma natural, interiormente llegamos a pensar «nací para esto» estoy en el lugar correcto, todo parece encajar, todo parece ir bien y por supuesto nos sentimos felices hasta el punto que nos olvidamos del tiempo, ni nos damos cuenta a dónde ha ido, nos sentimos llenos de energía, además entramos en un estado de éxtasis total.

Por lo tanto, ¿para qué naciste? Tu primer paso hacia la prosperidad es darte cuenta: ¿Qué amas hacer? ¿Qué harías aun si no te pagaran? ¿Cuáles son tus aficiones? ¿Qué te encanta ver en YouTube? ¿A quién sigues en las redes sociales? ¿A quién admiras? ¿Qué tipo de revistas o libros lees? ¿Qué tipos de programas de televisión te gustan? ¿Qué ves en Netflix? ¿Qué buscas constantemente en internet?... Te gusta: ¿hablar con la gente?, ¿dar consejos?, ¿combinar colores?, ¿cocinar?, ¿amas tocar un instrumento?, ¿cantar?, ¿pintar?, ¿realizar manualidades?, ¿estar con tus hijos?

Puedes ser, absolutamente cualquier cosa, nada más, pregúntale a un *youtuber*, si ama lo que hace, y te aseguro que te responderá que sí, que lo disfruta y, lo mejor de todo recibe beneficios por ello. Estas nuevas profesiones de *influencer*, que han tenido cabida en los últimos años, te demuestra que el éxito depende de hacer lo que realmente amas.

Por esa razón, tu camino hacia la prosperidad, puede estar en cualquier lugar. No se trata de encontrar el negocio más rentable, sino de descubrir lo que realmente amas hacer.

"El camino a la felicidad se alcanza cuando
haces lo que realmente amas"

Cualquier don que tengas se puede rentabilizar, te aseguro de que hay alguien en el mundo que está buscando aquello en lo que tú eres bueno. Déjame preguntarte cuántas veces has puesto en el buscador de Google o de YouTube, ***cómo hacer...*** estoy seguro de que lo has hecho muchas veces, más de las que recuerdas y siempre te han salido miles de resultados, blogs, revistas, videos, noticias, películas, audios y un sin fin de información en diferentes formatos.

Así que sí, ahora todo es posible y gracias a internet, las comunicaciones son más fáciles y puedes iniciar tu propio negocio, si así lo deseas desde la comodidad de tu casa; solo necesitas contar con un buen equipo y una buena conexión a internet, incluso quizás solo con un *Smartphone* sea suficiente para iniciar. Ahora tenemos muchas más posibilidades, tu oportunidad es ahora y la manera de empezar es descubrir cuál es tu don natural.

DESCUBRIENDO MI PROPÓSITO DE VIDA

Durante todo el libro te estaré compartiendo una serie de ejercicios para que realices día a día, para ello te pediré que busques un cuaderno o libreta y lo bautices como:

Mi camino hacia la prosperidad empieza HOY:
"YO SOY ABUNDANTE Y PRÓSPERO EN TODOS
LOS NIVELES QUE DESEO EXPERIMENTAR"

Escríbelo en letras grandes, puedes buscar fotos en internet, en revistas y colocarlas como carátula o portada de tu libreta, fotos que te inspiren, de manera que absolutamente todo lo que pongas en ella, te conducirá a alcanzar la prosperidad verdadera que deseas.

En este libro, encontrarás dos tipos de ejercicios, los primeros, son sugerencias, los cuales te invito a que realices si sientes en tu interior que sería bueno hacerlos, si te llaman la atención, si percibes que pueden ser una buena inversión de tiempo para tu crecimiento personal, vamos a llamarlos "Ejercicios Básicos".

La segunda clase son los "Ejercicios Estrella", los *premium*, los especiales, los de élite, los que te recomendaría encarecidamente que hicieras, son casi una obligación, ya que pueden aportar un gran valor a tu vida. Siempre partiendo desde el mismo punto, has únicamente aquello que resuene contigo, que tu instinto te diga por aquí es el camino. Ya que lo que yo percibo que es bueno para mí o lo que he aplicado en mi vida y me ha funcionado, puede ser que para ti no surja el mismo efecto; me gusta compartir mi manera de pensar, siempre con una especie de advertencia, expreso, lo que ha funcionado para mí, que quizás también lo haga para ti y por eso lo comparto, no obstante, te dejo a ti la decisión final.

Cuando seguimos un camino, cuando tomamos una decisión, otros caminos se nos empiezan a abrir, el horizonte se empieza a expandir. Todo se despeja y podemos ver más claramente.

Es momento de iniciar tu primer ejercicio es un "ejercicio estrella" es de élite, y se tratará de descubrir tu propósito de vida. Por lo tanto, en la primera hoja o folio de tu cuaderno o libreta de prosperidad, coloca como título *MI PROPÓSITO DE VIDA ES...* escribe lo que te venga a la mente sin pensarlo demasiado, si te quedas en blanco, está bien o si te vienen pensamientos negativos también está bien, todo lo que venga a tu mente es correcto, por ello acéptalo y dale la bienvenida, acepta el regalo que te está ofreciendo tu inconsciente y déjalo fluir, escribe sin parar. Detente y empieza a escribir ahora.

Para tener una idea más clara, vamos a recurrir a las preguntas, que te formulé anteriormente. Es posible que las hayas respondido mentalmente; aun así, es momento que las leamos de nuevo y las contestemos de forma escrita, siendo lo más honestamente posible. Para ello utiliza tu cuaderno o libreta. Manos a la obra.

¿Qué te apasiona hacer?
¿Qué amas realmente?
¿Para qué eres bueno?
¿Qué te gusta leer?
¿Qué te gusta ver?

¿Qué buscas constantemente en internet?

¿Qué ves en YouTube, Pinterest y demás redes sociales?

¿A quién sigues en YouTube, Instagram, Facebook…?

¿Cuándo haces que… el tiempo pasa volando?

¿Cuáles son tus aficiones? ¿Qué *hobbies* tenías cuando eras pequeño?

¿Qué te gustaba hacer realmente, cuando eras niño?

¿Qué harías aun si no te pagaran?

¿Si vivieras sin presiones monetarias, sin necesidad de trabajar, qué harías con tu vida, en qué invertirías tu tiempo?

Las preguntas, son un método muy fácil y poderoso, para identificar lo que realmente amas. Conjuntamente, puedes preguntarles a personas cercanas a ti, según su criterio: ¿Cuáles serían, tus dones naturales? ¿En qué momento pedirían tu ayuda?

A veces, se nos dificulta ver nuestro propio don, sin embargo, las personas que se encuentran cercanas a nosotros, los pueden identificar fácilmente. Estas indicaciones, te permitirán explorar tu vida y decidir "qué es", lo que más amas hacer.

El ejercicio anterior, te puede llevar varios días, tómatelo con calma, trabaja en él, un poco cada día, tenlo presente a medida que transcurre tu día normal, mantenlo en tu mente; identificando durante tu día en qué momento te sientes feliz y en paz, "¿cuándo haces que… encuentras esas emociones de tranquilidad?", inmediatamente anótalo en tu libreta o en tu teléfono, lo que tengas a mano, sin perder esa información vital. A medida que vas encontrando respuestas reflexiona sobre ello.

Una vez, que hayas terminado de escribir tus respuestas. Visualízate en un futuro donde estás haciendo eso que amas hacer, obsérvate, escúchate y siéntete que estás ahí, mira a tu alrededor y pregúntate: ¿En dónde estás, con quién? ¿Cómo te sientes al estar ahí? ¿Qué te dices en ese momento? ¿Puedes mantener esa imagen mental? ¿Te gusta lo que ves? Repite este pequeño ejercicio hasta que sientas una verdadera conexión interior, donde puedas ver que se mueve la energía, donde amas la imagen que estás creando.

Cuando hayas identificado cuál es tu propósito de vida, ponlo por escrito. Redacta un pequeño párrafo, en donde puedas expresar la vida que realmente deseas. Cada vez que lo leas, tienes que sentir, que te conectas con todos tus sentidos, que vibras con esa energía.

Recuerda, para crearlo en tu realidad, para manifestarlo en tu plano físico, primero que nada, tienes que verlo, sentirlo y oírlo en tu plano mental. Te daré un ejemplo de mi propósito de vida.

"Mi Propósito de vida es contribuir y apoyar a que miles y miles de personas, transformen su vida, a que evolucionen, a que encuentren su razón de ser, a que alcancen la vida que realmente desean, a que manifiesten sus sueños más profundos y sobre todo que vivan una vida plena, próspera y feliz"

Si lo pongo en una sola frase diría: *"Yo lo que realmente amo hacer es influir a las personas de manera positiva"*

Te invito a que escribas tu propio propósito de vida, en letras grandes y colócalo en un lugar en donde puedas verlo a diario y empieza a leerlo cada día, si en algún momento sientes que es necesario modificar algo, ¡hazlo!, tu vida es un proceso en continua evolución.

Si has llegado hasta aquí, y aún no has definido cuál es tu propósito de vida. Si todavía no lo tienes por escrito, detente ahora, no avances hasta que hayas terminado tu ejercicio, revisa nuevamente las preguntas, tomándote todo el tiempo que requieras y llévalo con calma.

Es importante que lo hagas de esa manera debido a que este es un libro proactivo y, para el éxito del mismo, es necesario que realices cada uno de los ejercicios que te estaré compartiendo. A medida que los hagas te darás cuenta de cómo avanzas.

Muchas veces, a medida que lees este libro, te encontrarás con una señal de *STOP*, como la que aparece a continuación:

Esta señal, quiere decir, que no puedes seguir avanzando hasta que no completes la actividad anterior. Esta señal solo aparecerá cuando te encuentres frente a un ejercicio de élite, por lo tanto, será fácil identificarlos.

Si crees que es mejor continuar leyendo, hasta llegar al final del libro, para luego volver y realizar los ejercicios; te lo dejo completamente a tu criterio. Pensando en esa opción, he creado una guía de ejercicios, al final del libro, donde están compilados, cada una de las actividades, que encontrarás en el mismo.

Sin embargo, el método que te recomiendo, es que realices el ejercicio, después de leerlo, ya que muchas veces, empezamos a leer un libro y lo abandonamos a mitad del camino. Otras veces, lo leemos por completo, y se nos olvida realizar las indicaciones o ejercicios; nos quedamos con la sensación, que fue un buen libro y pasamos inmediatamente al siguiente.

Frecuentemente, decimos "eso ya lo sé", no obstante, la única manera de saberlo realmente es viviéndolo, pasando a la acción. La información que te doy en este libro, puede llegar a ser la más importante de tu vida; sin embargo, depende de ti utilizarla a tu favor.

EL PRECIO DE LA PROSPERIDAD

Si has llegado hasta aquí, quiere decir que has completado tu primer pasito en tu camino hacia la prosperidad; por ello "Muchas felicidades"; date una pequeña recompensa, mímate, date besos, abrazos, celebra este gran salto que acabas de dar.

Celébralo como desees, comiendo un helado, dando un paseo en el medio del bosque, estando en contacto con la naturaleza, hablando con un amigo, compartiendo tiempo con tu familia, saliendo a cenar, lo que sea indicado para ti. La celebración, puede ser grande o pequeña; lo verdaderamente importante, es que reconozcas, que lo que acabas de hacer fue algo grandioso. Aunque todavía, queda camino por recorrer, cada uno de los pequeños pasitos son importantes.

Ahora bien, si nos damos a la tarea de buscar la definición de prosperidad, en un diccionario, en internet, en una enciclopedia, en Google, en Wikipedia o donde desees buscar, encontrarás que la palabra *Prosperidad*, proviene del latín *prosperitate*, y se define como el curso favorable de las cosas, tener éxito en lo que se emprende, un desarrollo o crecimiento, triunfar, tener buena calidad de vida, mejorar la situación económica y social, además también se asocia con la riqueza y la abundancia del dinero.

Sin embargo, la prosperidad va más allá de cosas materiales, una prosperidad verdadera y absoluta, es cuando: se tiene prosperidad además del plano físico en el plano espiritual, emocional y mental.

Considera por un momento que has alcanzado la prosperidad en el plano económico, y como consecuencia se ha deteriorado tu salud, estuviste expuesto a niveles de estrés tan altos, que finalmente tu cuerpo te está pasando factura. Los síntomas físicos son reflejos de un conflicto emocional, por ello, cada vez que tengas algún tipo de dolencia, es importante rastrear el origen de la misma. Te recomiendo que revises los libros de la nueva medicina germánica o de Biodescodificación; para tener una idea más clara al respecto.

Veamos otro ejemplo, presumamos que alcanzas el nivel de prosperidad financiera que tanto deseabas; tu objetivo primordial, era comprarle a tu familia la casa de sus sueños, y de esta manera, mostrarles que los amas. Sin embargo, cuando finalmente cuentas con los recursos necesarios para hacerlo, te das cuenta, que tus hijos, han crecido, se han ido de casa, quizás se ha deteriorado la relación. Estuviste tan enfocado en generar dinero, que te perdiste, los mejores años de sus vidas.

Es imposible considerar esos casos hipotéticos como una verdadera prosperidad. Si descuidas lo que es realmente importante, ¿de qué sirve haber alcanzado la libertad financiera?

Cada vez que alcances la prosperidad en un área de tu vida y la pierdas en otra, primero que nada, date cuenta de que no es ecológico el proceso que estás siguiendo. Lo que deseo para ti, es que cuando alcances la prosperidad que tanto deseas, te encuentres en un plano en donde puedas sentir que todas las partes de tu vida se encuentran en armonía, en equilibrio. En otras palabras, se trata de encontrar la paz y la felicidad en medio de la tormenta.

Para alcanzar la prosperidad, si se paga un precio; simplemente es un precio diferente. Si para alcanzarla, se desequilibra tu vida, no estamos hablando de prosperidad; más bien es una prosperidad disfrazada. La prosperidad no se alcanza, se vive, es vivir dentro de tu propio estado natural.

EL TIEMPO: NUESTRO MEJOR RECURSO

Al despertarnos, damos inicio a un nuevo día, el día dispone de 24 horas; si descontamos las horas que usamos para: dormir, comer y necesidades básicas; disponemos aproximadamente de 12 a 14 horas productivas.

Es importante, administrar esas horas de la mejor manera posible. Si tenemos un empleo que nos demanda 8 horas al día; las horas que tendremos a nuestra entera disposición, serán de 4 a 5 horas al día. Además, una porción de estas horas, las usamos para dedicarle tiempo de valor a las personas importantes en nuestra vida.

Por lo tanto, el tiempo que disponemos realmente para nosotros en un día normal, será de 1 a 2 horas, a veces incluso menos. Los fines de semana, en teoría, tenemos más tiempo y disponibilidad. Sin embargo, ¿qué haces realmente con tu tiempo? ¿Sabes, como lo inviertes?

A continuación, te presentaré algunas situaciones hipotéticas, que pueden asemejarse a tu realidad; con ellas lo que busco es que seas consciente como a veces dejamos que nuestro tiempo le pertenezca a alguien más.

Por ejemplo, imagina que estás en el trabajo y tu jefe te pide que entregues un informe con mucha urgencia al final de la tarde; mientras tratas de hacerlo, constantemente eres interrumpido, por compañeros de trabajo, llamadas, *e-mail*, personas que atender; todo esto hace que se te dificulte el desempeño de tu trabajo y muy posiblemente, tengas que hacer horas extras para poder cumplir con el objetivo planteado y compensar el tiempo perdido. No obstante, estas horas de más que tuviste que invertir, son horas que te has robado a ti mismo de otra actividad que tenías planeada, quizás pasar tiempo con tu familia, amigos, realizar algún tipo de ejercicio, etc.

Pongamos otro ejemplo, digamos que alguien te comenta que hay una nueva serie en Netflix que, por supuesto tienes que ver, es la serie del momento de la que todo el mundo habla; o sencillamente por iniciativa propia enciendes el televisor y te pierdes en alguna de estas plataformas de *streaming*. ¿Verdad que son superadictivas?, cuando ves un capítulo no puedes dejar de ver el siguiente, porque necesitas saber lo que pasa. Sin darte cuenta, has pasado todo el día, viendo televisión; quizás ese mismo tiempo pudiste invertirlo en algo más productivo.

Lo que busco con estos ejemplos, es que seas consciente como constantemente permitimos que factores externos roben nuestro tiempo. Presta mucha atención a la palabra "permitimos", porque en realidad nadie, nos está haciendo nada, somos nosotros los que dejamos, que estas situaciones ocurran, siendo totalmente responsables de nuestras propias decisiones.

El tiempo, no es renovable, si hoy, no tuviste un día productivo, no hiciste lo que tenías planeado hacer, si lo malgastaste; mañana será imposible recuperarlo. ¿Cuántas horas al día, pasas en actividades poco productivas? Aquellas que no aportan valor a tu vida o te dejan con un vacío inexplicable; como cuando comes un paquete de patatas fritas y al poco tiempo, te sientes de nuevo con hambre.

Venimos a aportar valor, en absolutamente todo lo que hacemos; te has planteado: ¿Si realmente le estás dando valor a tu familia, a tus amigos, a tu trabajo, o incluso a ti mismo?, Para ser productivos es necesario aportar valor a los demás.

Vamos a verlo desde otra perspectiva, por ejemplo, si pasas tu día en la oficina o en el trabajo, sin generar ningún tipo de resultado; es muy probable, que al poco tiempo te despidan; ya que desean, una persona que aporte valor a la empresa o compañía.

No venimos a ser, ni los padres perfectos, ni los empleados perfectos, ni los jefes perfectos y mucho menos los humanos perfectos; no obstante, cada persona con la que interactúas, espera que el tiempo que le dediques sea productivo, que contribuya de alguna manera a su vida.

A pesar de ello, en el mundo actual, esto se ha ido perdiendo. Por ejemplo, cuántas veces has estado en una reunión de amigos o familiares en donde, la mayoría de las personas, realmente no están interactuando entre sí; sino que su atención se dirige hacia sus teléfonos o dispositivos electrónicos. Quizás, te has llegado a sentir desplazado o poco importante.

A nivel consciente, las personas, no se percatan de ello. Y es una realidad, que vivimos cada día, más y más; incluso dentro de las familias, en donde vemos desde muy pequeños a los niños desviando su atención hacia la tecnología; dificultando que se lleve a cabo una verdadera comunicación o compartir tiempo de valor.

Vivimos en un dar y recibir; tenemos que dar desde el amor. Cuando damos, cuando aportamos al mundo, nos sentimos muy felices con nosotros mismos, sentimos que estamos cumpliendo nuestro propósito; seguramente, más de una vez, cuando has ayudado a alguien, te has quedado con una sensación de bienestar absoluto.

Todo lo que hemos hablado hasta el momento, son elementos que te ayudarán a vivir una verdadera prosperidad. Para ser prósperos, tenemos que invertir bien nuestro tiempo, ayudar a los demás y trabajar en la creación de una verdadera mentalidad de prosperidad. Para llegar a este nivel, tenemos que vivir en equilibrio y sentir esa sensación de paz y tranquilidad absolutas, en donde tenemos fe y confianza que nos encontramos en el momento y tiempo perfecto.

Con todo esto, lo que quiero decir es que el tiempo es un factor vital y por ello, tienes que tener una idea clara de cómo utilizas este recurso tan preciado. Por lo tanto, a partir de hoy vas a hacer una investigación al respecto.

Manos a la obra, para tu siguiente ejercicio te pediré que tomes nuevamente, tu cuaderno o libreta de prosperidad y empieces a registrar tus actividades diarias. Coloca como título: *¿Cómo invierto mi tiempo?*

Al inicio de cada día, escribe la fecha y registra tus actividades junto a su tiempo de realización, una especie de agenda. Te recomiendo que también registres, cualquier tipo de obstáculo que se te presente. Por ejemplo, si tenías planeado realizar una actividad, y a último momento recibiste una interrupción que te impidió completarla o siquiera iniciarla; es importante anotar esos detalles.

También, puedes apuntar la hora de inicio y fin, en la medida que sea posible. Estos datos, te ayudarán a realizar un análisis posterior. Imagínate, que eres un detective de tu propio tiempo; cuanta más información recolectes, más fácilmente podrás identificar las actividades, que te están quitando el tiempo. Muy posiblemente, después de realizar este ejercicio por al menos una semana; te darás cuenta de que esos distractores se repiten. En estos momentos, no estamos buscando ningún tipo de solución con respecto a las interrupciones o actividades poco productivas; simplemente, estamos creando tu bitácora, de manera que seas consciente sobre el manejo que realizas de tu tiempo. A continuación, te dejo una imagen a modo de ejemplo.

Marzo 18 del año...

Ducharme (15minutos)
Desayunar (30 minutos)
Dirigirme al trabajo (20minutos)
Revisar la agenda (10minutos)
Realizar llamadas pendientes
(40minutos)
Reunión con Juan
Inicio: 10:20 am
Fin: 11:45 am

Muy posiblemente en este momento, no te des cuenta de la razón por la cual el tiempo se te va o porque no tienes tiempo para ti mismo. Y ahí recae la importancia de realizar este ejercicio; comprométete a hacerlo por al menos una semana, a ser posible por un mes completo. Al finalizar la semana, reserva un tiempo para que analices toda la información que recolectaste. Identifica: ¿cuáles son tus principales distracciones?, ¿qué actividades aportan valor y cuáles no?, ¿cuáles puedes eliminar o delegar? La idea es que vayas progresivamente despejando tu agenda de aquellas actividades, que no te dejan ningún tipo de beneficio y que se encargan de robar tu tiempo.

Con respecto a las distracciones, también es importante que busques maneras para minimizarlas; pero por supuesto, primero tienes que identificar cuáles son: ¿Es tu teléfono? ¿Son tus amigos? ¿Familiares? ¿Son las redes sociales? Una distracción puede ser cualquier cosa como, por ejemplo: que suene tu teléfono constantemente, que te surjan imprevistos de último momento, que recibas visitas inesperadas o quizás que pases mucho tiempo en las redes sociales.

Recapitulemos, durante el día, irás anotando cada una de tus actividades junto a su tiempo de realización. Además de ello, es importante que anotes, cualquier tipo de información relevante. Después tienes que analizarla y sacar tus propias conclusiones.

Un consejo que te doy, para evitar olvidarte, es que coloques una alarma que suene 2 o 3 veces al día, incluso más veces si lo deseas, de esta manera, siempre te acordarás de registrar la información. Tu cerebro es espectacular, sin embargo, ya está ocupado haciendo muchas cosas a la vez, facilítale las cosas, colocando un recordatorio.

El ejercicio, que te he planteado en este apartado, simplemente es para que seas consciente de cómo estás invirtiendo tu tiempo. Necesitas reconocer cuales son esos hábitos que te están reportando pocos beneficios; de manera que puedas modificarlos o sustituirlos por nuevos hábitos.

Si descubres por ejemplo que, a la hora de cenar, tienes el hábito de encender el televisor y sin darte cuenta engancharte un par de horas. Puedes sustituir este hábito, colocando música relajante de fondo, mientras compartes una cena agradable con tu familia, es la oportunidad perfecta para hablar y compartir sobre vuestro día.

Te das cuenta, que en este apartado nuevamente aparece la señal de *STOP*, eso es porque este ejercicio es un "Ejercicio Estrella", realízalo durante 1 semana, si quieres por un mes, después puedes olvidarlo por completo, quedándote solamente con los aprendizajes.

¿EN QUÉ INVIERTO MI DINERO?

Si te ha gustado el ejercicio anterior, es momento que lo llevemos al siguiente nivel, en este caso registrarás el uso de tu dinero. Escribe como título: ¿En qué invierto mi dinero? También puedes usar un App, que te ayude a tener un control de tus gastos, en el mercado existen muchas que te ayudan precisamente con ese objetivo.

Si has sentido más de una vez, que el dinero no te alcanza o que se te va de las manos, precisamente es que no lo administras adecuadamente, más adelante te enseñaré como hacerlo; por ahora, quiero que seas simplemente consciente de cómo lo estás usando hasta el momento.

A veces realizamos pequeños gastos, que a la larga se convierten en grandes gastos. Por ejemplo, supongamos que todos los días te tomas un café de la máquina de la oficina que te cuesta 1$ o 1€, si trabajas 20 días al mes, estaríamos hablando de 20$ o 20€, al año sería aproximadamente 240$ o 240€. Ese mismo dinero, quizás lo puedes utilizar para pagar una deuda o hacer algún tipo de inversión que te traiga un beneficio mayor.

Vayamos un poco más allá en nuestras suposiciones, ahora pensemos que normalmente no te tomas uno, sino dos vasos de café, e incluso algunas veces hasta tres; en este caso hipotético, ya estaríamos duplicando y hasta triplicando tus gastos. De 240$ o 240€ pasaríamos a 720$ o 720€ al año, en el caso de que tomemos 3 vasos de café al día.

Puedes pensar que un café no es mucho, es cierto, pero cuando sumas lo que consumes al mes o al año, puedes darte cuenta hacia dónde va tu dinero. Una vez identificados los gastos innecesarios, puedes buscar cómo eliminarlos, por ejemplo, en el caso del café podrías llevarlo preparado desde casa, en un termo especial que mantenga el calor. Con lo cual tendrías tu café a mano en cualquier momento y estoy segura de que sería mucho más rico que un café de máquina.

Ahora bien, quiero que hagas una «*PAUSA*», tomes una respiración profunda... y olvides lo último que te acabo de decir, la parte de controlar tus gastos, esta manera de pensar en vez de acercarte a la prosperidad, lo que hace es alejarte de ella. Viene del miedo y coloca un freno a tu prosperidad.

Quizás, anteriormente escuchaste este consejo, el de controlar lo que gastas, el de privarte de algo como excusa para ahorrar, es posible, que lo intentaste, que lo practicaste más de una vez y que usaste alguna *App*, para que te ayudara precisamente a registrar todo lo que gastabas.

Sin embargo, pudiste experimentar, que todo el proceso te causó más estrés, que beneficio; todo el tiempo estabas pendiente de no gastar jamás el dinero, y si lo hacías es posible que te sintieras culpable, te cuidabas tanto, que se convirtió casi en una obsesión; es posible que te pelearas incluso con otras personas, sobre cómo malgastaban el dinero.

Si nunca has experimentado, la parte de controlar todos tus gastos, te invito a que lo practiques a modo de experimento; hazlo por una semana y al finalizar la misma, analiza cómo te sentiste al utilizar este método.

Me tomé el tiempo, de explicar esta manera de pensar, primero que nada, porque la usé durante muchos años, creí que realmente funcionaba, la compartí con otros; y tenía la idea equivocada, que era un elemento vital dentro de la ecuación de alcanzar la prosperidad.

En lo que te enfocas se expande, con esta manera de pensar lo que estaba haciendo, era decirme a mí misma, una y otra vez, que no tenía dinero suficiente, que el dinero era un bien escaso, que lo tenía que cuidar y vigilar milímetro a milímetro, siempre pensando, o gasto en esto o compro lo otro, no puedo tener los dos a la vez, porque el dinero no alcanza, no es suficiente. Te comparto mi perspectiva, simplemente para que te des cuenta hasta qué punto, te has dejado controlar por la creencia equivocada que nos dice: «el dinero nunca es suficiente» «no nos alcanza».

ENFOCÁNDOME EN LA PROSPERIDAD Y LA ABUNDANCIA

Después de haber pasado por esa experiencia que no funciona, es momento que creemos una que, si lo hace, y como dije anteriormente en lo que me enfoco se expande. Por lo tanto, si lo que realmente quiero es prosperidad, abundancia, me tengo que enfocar realmente en ello.

Ahora bien, vamos a darle la vuelta a la moneda y para ello vamos a crear nuestro propio diario de abundancia, de gratitud hacía el dinero, en él vamos a anotar cada vez que recibimos dinero, cuando nos dan nuestro sueldo, cuando nos invitan un café, cuando nos encontramos dinero en la calle, cuando nos hacen un descuento, cuando vamos a cenar a casa de alguien, cualquier acción que podamos traducir en dinero, necesitamos anotarlo; colocando la cantidad que hemos recibido, si no sabemos el valor exacto, colocaremos un aproximado, precedido de un signo de +, un signo positivo, ya que estamos sumando y agradeciendo, a la persona o situación que trajo esa abundancia a tu vida.

Después de escribir la cantidad junto con su signo de más, tenemos que escribir a quien o quienes estamos agradeciendo, por ejemplo, gracias a María por el café que me invitó, gracias al universo por el dinero que me encontré, gracias a mi jefe por el sueldo que me pago. Siempre hay algo o alguien a quien dar las gracias, y agradecer es la energía más positiva de amor. Tu diario, sería algo similar a lo siguiente.

15/06/....

+2€	Gracias María por el café.
+1.000€	Gracias a mi jefe por mis ingresos.
+1€	Gracias universo por este dinero que me diste.
+10€	Gracias a la tienda ... por este descuento.
+45€	Gracias José y Mónica, por esa cena tan espectacular en vuestra casa.

Si deseas una mayor explicación de este método, te invito a que veas el siguiente vídeo "Cómo atraer abundancia a tu vida | Libreta de la Abundancia..." disponible en mi canal *AtraeTuIDeal*, siguiendo este enlace https://bit.ly/Libreta-abundancia. O escaneando el siguiente código QR.

Antes de irme de esta sesión, quiero recordarte que cuando hablo de tener una libreta o cuaderno, también lo puedes sustituir fácilmente por un APP. Personalmente la que más uso es *Keep*, ya que puedo ordenar fácilmente mis notas, colocarles diferentes colores y/o etiquetas; además, que se sincronizan automáticamente, en todos mis dispositivos, por consiguiente, lo puedo tener a la mano este donde este.

El mundo, es cada vez más tecnológico; y por costumbre, lo que siempre tenemos a mano es nuestro teléfono. Por ello, debemos usarlo a nuestro favor. Te invito a que inicies hoy mismo con tu libreta de abundancia.

Como puedes apreciar, estamos ante un "ejercicio estrella". Por lo tanto, te pido que empieces a implantarlo en tu vida de la manera más rápida. Este es uno de los ejercicios que más me gusta, es sencillo de hacer y podría decir que te permite atraer la prosperidad a tu vida de manera muy fácil.

Te preguntarás durante cuánto tiempo tienes que realizar la libreta de la abundancia, te diría que lo hicieras mínimo por 3 meses, lo puedes hacer hasta que sientas que ya lo haces de manera automática y que no te hace falta, recurrir a la misma. O si lo deseas incluso lo puedes hacer por tiempo ilimitado.

¿LA PROSPERIDAD SE HACE O SE NACE?

Una pregunta recurrente, que muchos nos hacemos es: ¿Cómo tener dinero, si vienes de un ambiente con pocos recursos? Quizás, siempre has vivido con deudas, se te ha dificultado llegar a fin de mes, o tus tarjetas se encuentran al límite. Por lo tanto, ¿cómo se puede cambiar eso?, ¿cómo se puede salir de deudas?

Es posible, que, si nacimos en un lugar de bajos recursos, ¿estemos condenados a la pobreza? Y que la única manera de alcanzar la prosperidad es si ya vinimos programados, desde la infancia con esa información. No obstante, algunos si logran salir, pero otros no; que tienen ellos, que sin importar en donde estén surjan.

Pues bien, déjame decirte que es muy sencillo y a la vez no lo es; TODO EMPIEZA CON UN PENSAMIENTO. Por lo tanto, si existe cualquier aspecto de tu vida que te desagrada o que deseas cambiar, cambia el pensamiento que está generando esta situación. Si cambias lo que estás enviando, la situación cambiará.

Con respecto a la prosperidad, si constantemente estás pensando que no tienes dinero, que el dinero es malo, que el dinero nunca te alcanza, eso es lo que estás enviando al universo (Dios, el éter, el creador, el arquitecto universal... o el nombre que utilices para referirte a él) y, por lo tanto, eso es lo que estás recibiendo.

Más que las palabras que usas, es la vibración, si vives con miedo constantemente, si temes no tener dinero suficiente, pues eso es lo que estás produciendo en tu vida, esa vida es la que estás creando y la vida que estás viviendo.

Es un círculo vicioso, como no tienes dinero, todo el tiempo estás pensando en que no tienes; la razón por la que no tienes, es que estás creando precisamente esa realidad.

En conclusión, la prosperidad, se hace, tú creas tu propio nivel de prosperidad; sin importar en el lugar que hayas nacido o la situación que te haya tocado vivir; las personas que alcanzan ese nivel de prosperidad, es porque modificaron su percepción del mundo. Por lo tanto, necesitas salir de ese círculo vicioso en el cual estás y empezar a ver las cosas desde una perspectiva distinta.

Desde mi entender, para poder hacerlo, tienes que empezar a vivir en tiempo presente, en el ahora; dejar de hacerle caso a tu mente, a esa parte que todo el tiempo te está enviando información que te llena de dudas o temores. Necesitamos, la paz, el silencio, la tranquilidad.

VIVIR EN EL PRESENTE

Para alcanzar el tan preciado ahora, el vivir en el presente, el silencio, el estado de tranquilidad, el punto cero; existen muchos métodos y/o perspectivas. Algunos, lo encuentran en la meditación, en el enfoque en la respiración, en la sanación a nivel cuántico; aquí los caminos se separan, existen muchas opciones.

Tienes que encontrar la que funcione para ti, para permanecer y vivir en el presente; te daré por supuesto algunas técnicas o ejercicios, que he usado en diferentes momentos de mi vida, algunos todavía los sigo usando.

Empecemos con el más sencillo, con la respiración, lo único que tienes que hacer es tomar una respiración profunda, cada vez, que sientas que tu mente está ganando el juego, y que te estás dejando llevar por la visión aterradora que ella tiene del mundo. Es curioso, como realmente, no necesitamos, que nadie nos haga nada, para estar mal, todo nos lo hacemos nosotros mismos, con nuestros pensamientos. Tu mente y tu verdadero YO, tienen visiones y perspectivas diferentes de ver la vida; cuando sientes que te desvías, simplemente toma una respiración profunda y con ello de inmediato estarás en el presente.

Ejercicio o técnica número 2, esta técnica la he escuchado de dos fuentes distintas, la primera de Mark Victor Hansen & Robert Allen en su libro *"The One Minute Millionaire"* o "Millonario en un

Minuto" en su versión en español. La segunda fue a través de T. Harv Eker en los "Secretos de la mente millonaria". Así que como te darás cuenta, no es una técnica que he inventado yo, sin embargo, sí me ha servido en diferentes oportunidades de mi vida. Lo que trata, es de lo siguiente, es necesario que busques una liga elástica, una coleta o algo similar que puedas colocar en tu muñeca a modo de pulsera. Cada vez que venga a tu mente un pensamiento negativo o poco empoderante, vas a usar tu liga para golpear tu muñeca, y sentirás un pequeño dolor, no hace falta que te golpees muy fuerte; pero solo el hecho de hacerlo, corta de inmediato tus pensamientos y te trae al momento presente. Después, puedes besar tu muñeca para hacer un refuerzo positivo, y decirte "Gracias" o "te amo".

Tercer ejercicio, a esta técnica me gusta llamarla el "Reset botón", imagínate que traes a tu mente un botón rojo de Reset o resetear, como aquellos que tenías que presionar para reiniciar un aparato electrónico, si es que viviste en esa época, lo que vamos a hacer es presionarlo para reiniciar tu mente.

Cuando lo presionas, paras el diálogo interno y reseteas tu realidad, ubicándote de nuevo en el presente. Funciona igual que los métodos anteriores, es un pequeño truco para decir detente, basta de repetir esa misma película de baja categoría y traerte a estar en el aquí y en el ahora. Si lo deseas, te puedes pasar por mi canal en donde explico a detalle, cómo aplico esta técnica. Busca el video: "Cómo Resetear tu realidad y Empezar a vivir la vida de tus sueños..." https://bit.ly/resetear

Cuarta técnica, "meditar", existen muchas formas de meditar, existen meditaciones guiadas, incluso tú mismo te puedes hacer tu propia meditación; una meditación muy sencilla y que todos podemos hacer, es sencillamente buscar un espacio en donde podamos relajarnos, puedes colocar música de fondo, crear el ambiente que deseas, y a continuación, sencillamente cerrar los ojos y enfocarte en tu respiración; cada vez que venga un pensamiento, déjalo ir y continúa enfocándote en tu respiración, realízalo por un par de minutos; incluso si no puedes cerrar los ojos, funciona, solo enfócate en tu respiración y en dejar ir, cualquier pensamiento, mientras continúas poniendo toda tu atención en la respiración, sin tener que controlarla, solo vuélvete un observador de la misma.

Quinta técnica, enfócate en la gratitud; busca todas y cada una de las razones por las cuales estás agradecido, puedes empezar con la sencilla razón de estar vivo, de respirar, de poder ver, tocar, sentir... observa lo que tienes a tu alrededor e identifica nuevas bendiciones; incluso, piensa en razones por las cuales estar agradecido de la situación que te preocupa o molesta. Es la oportunidad de verle la otra cara a la moneda.

Sexta técnica, utilizar el Ho'oponopono para borrar memorias; es un arte Hawaiano de resolución de problemas, en donde tenemos ciertas palabras claves, palabras mágicas o palabras gatillo, que usamos constantemente, repitiéndolas mentalmente, para borrar esas memorias que nos aparecen. Todo lo que pasa en nuestra vida, cualquier situación, o problema es una memoria; puede ser nuestra propia memoria, una memoria del pasado, de nuestros antepasados o incluso una memoria de otras vidas; no lo sabemos y nunca lo sabremos, sencillamente al repetir las 24 horas mentalmente, alguna de esas palabras, que puede ser sencillamente la palabra "Gracias", damos permiso a que la Divinidad borre y algo mágico ocurre, sentimos paz, tranquilidad; nos situamos en el presente y actuamos a partir, de la inspiración divina.

Séptima técnica, escribir, esta técnica es un poco diferente a las demás porque no nos corta de lleno el diálogo interno, sino que lo trasladamos al papel, no obstante, es una buena manera de soltar y liberarse, por consiguiente, nos ayuda a sanar. Si tienes sensaciones de malestar, miedo, temor o pasas por alguna circunstancia que te hace sentir mal; tómate un momento y ponte a escribir lo que pasa por tu mente, deja que tu inconsciente se libere de la carga emocional que lo mantiene sujeto. No pares hasta sentirte mejor, incluso se te puede salir alguna lágrima, lo cual es totalmente genial y liberador.

En este apartado, te he dejado una serie de técnicas, no son las únicas, es posible qué conozcas o apliques una técnica diferente a las que he mencionado. Todas tienen el mismo fin, ayudarte a parar los pensamientos y vivir en el presente; si ya conoces o utilizas otra práctica, que te sirve para este objetivo, empléala. Cada uno tenemos nuestra propia forma de hacer las cosas, sigue a tu instinto para identificar lo que verdaderamente funciona para ti.

Estamos de nuevo, frente a un ejercicio de élite. Te he dado varias opciones, para que escojas la que más te convenga. Es bueno qué las tengas a mano. Por lo tanto, marca la página, subráyala, sepárala, hazla visible.

¿QUÉ ES LA PROSPERIDAD PARA TI?

Los pensamientos tienen poder, son los encargados de manifestar nuestra realidad. La calidad de nuestros pensamientos determinará la calidad de nuestra vida.

Los mismos pensamientos que has tenido hoy, son los que has tenido durante años, se repiten una y otra vez; tenemos tantos pensamientos al día y transcurren de forma tan rápida, que no somos capaces de detectar qué es lo que estamos pensando. Lo que ocurre es que están totalmente ocultos para nosotros; como un pequeño iceberg, que no alcanzamos a ver su magnitud, sin embargo, sabemos que la mayor masa, se encuentra oculta bajo la superficie. En el caso de los pensamientos, están ocultos bajo el inconsciente. La buena noticia, es que no tenemos que saber en lo que estamos pensando, únicamente tenemos que pararlos.

Sin embargo, si eres curioso y si te gustaría identificar lo que estás pensando, o darte cuenta de la calidad de tus pensamientos. Existe un sencillo ejercicio, que puedes realizar y se trata de aplicar, preguntas inteligentes; en el caso de la prosperidad, podemos preguntarnos cosas como:

¿Qué es la prosperidad para mí?

¿Cuál es la visión que tengo de la prosperidad?

¿Qué pienso de la prosperidad?

¿Qué siento cuando me hablan de prosperidad?

¿Realmente quiero ser próspero?

¿Qué pienso de las personas ricas y prósperas?

Como te he dicho siempre existen maneras diferentes, y me gusta darte los diferentes caminos, de manera de que puedas escoger, el camino que funcione para ti. Por lo tanto, si lo deseas puedes tomar las preguntas anteriores y responderlas en tu libreta o cuaderno de prosperidad. Esta es una manera de identificar los bloqueos.

Independientemente, si decides responder las preguntas anteriores o no; lo que sí me gustaría es que crearas en este momento tu propia visión de prosperidad, parecido a cuando escribiste tu propósito de vida; escribe ahora cual es la visión de prosperidad que te gustaría vivir.

"Mi visión de prosperidad, es sentirme tranquila,
en paz, feliz y vivir mi propósito de vida"

Te he dado una visión pequeña sobre la prosperidad, úsala para crear tu propio concepto, y regístralo dentro de tu libreta de prosperidad. Sin embargo, estamos hablando de un ejercicio básico, por ello te lo dejo a tu criterio realizarlo.

¿NOS CONTROLAN NUESTROS PENSAMIENTOS?

Veamos un ejemplo de cómo nuestros pensamientos crean nuestra realidad, si, por ejemplo, desde pequeño escuchaste algo como: «No se puede tener todo en la vida», tú ahora vives tu vida en concordancia con esa creencia y, por lo tanto, para ti ahora es imposible tener todo lo que deseas. Y si alcanzas la prosperidad en un área, la pierdes en otra. Ya que a nivel inconsciente existe una incongruencia con que seas próspero en todas las áreas de tu vida.

Por ello, la importancia de iniciar este proceso hacia tu prosperidad limpiando tus creencias, las creencias se crean a partir de las experiencias que has vivido, son las que nos definen y vivimos en función de ellas.

Las experiencias o eventos más impactantes son aquellos vividos desde tu etapa de gestación hasta los 7 años. Se habla de que nuestra vida está dividida en septenios; el más importante es el de los 0 a los 7 años, debido a que en este momento los niños son esponjas que absorben toda la información a su alrededor, grabándola en su inconsciente. Las cuales salen a la luz en forma de creencias.

Cuando hablamos de experiencias, eventos o situaciones vividas, es todo lo que viste, oíste o sentiste mientras crecías. Nos enfocaremos principalmente en aquellas que tengan relación con el dinero y la prosperidad. Por ejemplo, piensa ahora cómo era la situación en casa: ¿el dinero llegaba fácilmente?, ¿era fácil de administrar?, ¿existían deudas o miedos a llegar a fin de mes?, ¿existía escasez?, ¿cómo te sentías con respecto al dinero?

Por otra parte, si naciste en una familia y/o situación en donde el dinero era fácil de obtener, en donde existía la prosperidad; ¿qué es lo que ocurrió en ese escenario?, ¿el dinero se iba de las manos?, ¿de la misma manera que llegaba, se marchaba? ¿Pasó algo?, ¿aconteció algún suceso, que llevo a tu familia a perder su posición social?, a que el dinero, desapareciera de sus vidas; quizás una mala inversión, un negocio que no salió bien, una administración inadecuada del mismo. Si no ocurrió, nada de esto ¿Por qué crees que rechazas el dinero en este momento de tu vida?

Independientemente, de cómo haya sido tu historia hasta el momento, hoy tienes la oportunidad de reaprender cómo ser próspero. Te hablo de reaprender porque esos conocimientos ya se encuentran en tu interior, tú ya sabes el camino, sabes cómo hacerlo, simplemente te has permitido experimentar una realidad en donde no eres próspero, o no al menos, hasta el nivel que te gustaría. Sin embargo, con tu capacidad infinita, ahora podrías, perfectamente, crear una realidad en donde sí eres próspero.

Por lo tanto, tú tienes el poder de crear la vida que desees y se crea con la mente, con tus pensamientos. Todo lo que vives ahora es una consecuencia de tus pensamientos del pasado, que muy posiblemente sigan siendo tus mismos pensamientos del ahora.

Este libro, lo he escrito con dualidad, ahora pasaré a presentarte el primer camino. Tenemos que rastrear esos eventos que están marcando tu vida presente, es necesario primero que nada identificarlos y transformarlos, para que dejen de tener poder sobre tu vida actual.

Empecemos, primero tenemos que crear la imagen que tienes con respecto al dinero, para ello, recurriendo a tu cuaderno de prosperidad, responde las siguientes preguntas:

¿Qué viste con respecto al dinero mientras crecías? ¿Qué imágenes relacionadas con el dinero vienen a ti cuando recuerdas tu niñez? ¿En esa etapa te ves a ti mismo teniendo dinero de manera fácil? ¿Puedes observar si en tu familia existía prosperidad? ¿Viste peleas o discusiones con respecto al dinero? ¿Puedes ver y recordar alguna situación en donde existieran deudas? ¿Con relación a los objetos materiales, eran fáciles de obtener? ¿Puedes ver en tus recuerdos, alguna escena en donde tu familia allá sido visitada por acreedores o cobradores? ¿Algo más que puedas ver con respecto al dinero?

El segundo paso será identificar qué imágenes has grabado de manera auditiva, es decir, frases, oraciones, dichos, que hayas escuchado repetidamente con relación al dinero. Como, por ejemplo, «el dinero no crece en los árboles», «hay que trabajar muy duro para tener dinero», «nunca tendremos dinero», «todo es culpa del cochino dinero». Muy probablemente escuchaste frases similares a las que te menciono, así que es momento de recordarlas y escribirlas en tu cuaderno.

¿Qué oíste con respecto al dinero? ¿Qué decían tus padres? ¿Qué escuchabas a tu alrededor? ¿Qué decían tus familiares, profesores, amigos y demás personas de tu entorno? ¿Qué historia escuchaste con relación al dinero? ¿Qué oíste que decían acerca de las personas ricas? ¿Qué te decías a ti mismo con respecto al dinero? ¿Y, con respecto a la prosperidad, qué oíste?

Una vez que hayas escrito lo que grabaste de forma auditiva, ahora veremos las emociones que vienen a ti cuando piensas en el dinero. Si vuelves a tu infancia, a tus primeros años y empiezas a recordar tu entorno, vendrán a ti emociones. Situémonos en ese espacio del tiempo, cuando eras pequeño, cuando no tenías, un concepto claro con respecto a lo que era el dinero; ¿qué emociones o sensaciones vienen a ti cuando piensas en esa etapa de tu vida? ¿Sientes que el dinero era fácil de obtener? ¿Percibes, inseguridad, miedo o temor relacionado con el dinero? ¿Qué sientes principalmente al pensar en el dinero? ¿Qué es lo primero que percibes cuando piensas en dinero?, escribe tus emociones recordadas, experiencias y cómo estas te hacen sentir al recordarlas.

Ahora pasemos a analizar, cómo es tu vida en este momento, esos eventos que viviste, escuchaste o sentiste con respecto al dinero ¿se encuentran presentes en tu vida actual? ¿Estás experimentando situaciones similares? ¿Puedes identificar si existe algún parecido entre lo que viviste y la situación en la que te encuentras? ¿Estás repitiendo algún patrón?

Es muy probable, que hayas contestado que Sí, que las historias, se están repitiendo. Cualquier escenario que no hayamos sanado en el pasado, se repite, se vuelve a presentar, en esta vida. Cuando hablo de pasado, no es solo tu pasado en esta vida, sino también tu pasado en otras vidas o incluso el pasado de tus ancestros.

De manera inconsciente queremos rendirle honor a nuestra familia y experimentar lo mismo que ellos han experimentado. Identifica que tipo de experiencias se repiten en tu árbol genealógico. Si tu familia vivía constantemente con miedo a no tener dinero, si era difícil conseguirlo y tenían que trabajar muy duro para hacerlo, ahora tú también lo vives. Debido a que fue lo que aprendiste, y por consecuencia estás repitiendo los mismos patrones.

También se guarda fidelidad, con respecto a otras situaciones. Algunas personas vienen de familias en donde se cree que están predispuestos a contraer algún tipo de enfermedad. Pongamos de ejemplo a la diabetes, algunos, han llegado a pensar que es hereditario, que es genético, que se pasa de generación en generación, sin ningún tipo de opción.

Sin embargo, existen muchas maneras de contrarrestar estas situaciones, diferentes terapias alternativas, opciones, por ejemplo, yo tomo un suplemento alimenticio que nutre mi cuerpo, recargando mis niveles de cisteína, ayudándome a producir glutatión; personas con diabetes o cualquier tipo de desafío médico, han tomado este mismo suplemento, ayudando a su cuerpo a activar su médico interno, a que se regenere y supere este tipo de desafíos. Por lo tanto, siempre existe una opción diferente, una alternativa, tienes que buscarla, para poder encontrarla.

PASO 2: YO TAMBIÉN PUEDO SER PRÓSPERO

C omo vimos en el capítulo anterior, hasta este momento has estado viviendo tu vida de acuerdo con tus pensamientos y recuerdos del pasado. Sin importar, si viviste experiencias de carencia o de abundancia; en el momento presente, tienes el poder de crear nuevas experiencias, y para lograrlo es necesario empezar a pensar de manera diferente.

¿Realmente creo que puedo ser próspero?

Reflexiona por unos instantes y pregúntate, si realmente crees que puedes ser una persona próspera, una persona que vive en abundancia, capaz de tener libertad financiera en su vida.

Esta es una pregunta vital y que tienes que responder honestamente, la respuesta es para ti, no la tienes que compartir con nadie, sin embargo, sé totalmente honesto contigo mismo y responde desde tu corazón. Escribe todos los pensamientos que vengan a tu mente, cuando te haces esa pregunta, puedes repetirla varias veces mentalmente, hasta obtener una respuesta.

Si en algún momento te resulta difícil, encontrar una respuesta honesta a las preguntas que te planteó. Toma una respiración profunda y pídele a tu inconsciente que te deje saber la respuesta. Después toma el lápiz y escribe con tu mano no dominante, aunque te demores más en escribir, te estarás conectando con tu inconsciente donde se encuentran ocultas todas las respuestas.

Todos tenemos una sabiduría interna que desconocemos, le puedes llamar instinto; muchas veces desconfiamos de ella, le preguntamos a los demás qué hacer, cuando en realidad tendríamos que escuchar nuestra propia voz interior.

En este orden de ideas, déjame compartirte una historia. Ben se encontraba un día a punto de salir de casa a cenar, cuando repentinamente se va la luz, quedando todo en una oscuridad masiva. Al no poder ver, se tropieza con un mueble y cae al suelo perdiendo las llaves del auto. Rápidamente empieza a buscarlas sin ningún éxito.

De repente alza la vista y observa a través de la ventana, una farola encendida al final de la calle, así que se le ocurre una brillante idea. Salé de su casa y empieza a buscar nuevamente las llaves, cerca de la farola. Minutos más tarde se encuentra con un vecino que se encontraba paseando a su perro; Después de que Ben le comenta que ha perdido sus llaves, el vecino se ofrece a ayudarlo.

Continúan con la búsqueda por más de una hora, sin obtener ningún resultado, finalmente, el vecino le pregunta «¿estás seguro de que se te cayeron cerca de la farola?»; a lo que Ben contesta «NO, se me cayeron adentro de casa», entonces el vecino le dice «¿por qué las estamos buscando aquí afuera?». Y Ben le contesta, «porque aquí afuera hay luz».

Con esta historia, lo que quiero decir, es cómo muchas veces, por cultura, se nos ha enseñado a buscar afuera lo que realmente está en nuestro interior. Todas las corrientes de crecimiento personal, te llevan al mismo punto, todo está en nuestro interior, pueden ex-presarlo de diferente forma, sin embargo, se llega a lo mismo.

CREANDO UNA IMAGEN DE PROSPERIDAD

Hasta este momento, hemos visto como hemos sido programados para crear una realidad, que se corresponde a nuestras experiencias. Además, hemos identificado bloqueos dentro de nuestro camino. Podemos decir, que hemos empezado a entender, porque no tenemos prosperidad.

Ahora veamos si puedes crear una imagen en donde te veas, te sientas y te oigas siendo abundante y próspero. A algunas personas se les hace muy fácil crear una imagen de forma visual, ponerle color, brillo y crear cada uno de los elementos dentro de esa imagen. Otros se conectarán más fácilmente con las emociones de ser una persona próspera, las emociones y sensaciones que transmiten el pensamiento, por otra parte, existen otras personas que se les hace mucho más fácil escuchar que son prósperos, oír que tienen abundancia y cada uno de los sonidos que produce vivir en ese estado.

Así que ya lo sabes, crea tu imagen con cada uno de estos elementos y verás que algunos se te harán más fáciles que otros. Los elementos de creación que son más fáciles para ti, intensifícalos.

Por ejemplo, si se te hace mucho más fácil imaginar las sensaciones y sentimientos de vivir una vida próspera, que imaginar los colores o lugares dentro de tu creación, enfócate entonces principalmente en las emociones sin dejar de lado los demás aspectos. Detente y tómate un momento a imaginar bien el cuadro que deseas, ¿Cuál sería esa imagen de prosperidad que quieres crear? ¿Cómo te ves, te sientes y te oyes siendo abundante y próspero?

Si se te dificulta, realizar esta visualización, puedes buscar una meditación que te induzca a crear la realidad que deseas o puedes, primero escribir la imagen antes de intentar visualizarla. Guarda esta imagen, que la usaremos más adelante.

Ahora definamos, qué tipo de emociones o sensaciones vienen a ti cuando creas una imagen del futuro que deseas, ¿son emociones o sensaciones de miedo, de imposibilidad?, de no me lo creo, de ser imposible de crear o, por el contrario: ¿vienen a ti emociones de tranquilidad, de paz y de seguridad absoluta?

Muy bien, sin importar si las emociones son positivas o negativas, déjame decirte que esas emociones, son las sensaciones que estás enviando en este momento al campo cuántico, al universo. Y son las que se te devolverán en un futuro próximo, por ello si lo que buscas es tener una vida en donde te sientas, oigas y veas siendo una persona próspera y abundante. Lo que tienes que hacer es empezar a enviar al universo la vibra adecuada, suelta y deja ir cualquier tipo de emoción que no te agrade. Apóyate en la respiración para hacerlo; inhalando (contando hasta 7), reteniendo (contando hasta 7), exhalando (contando hasta 7) y quedándote sin aire (contando hasta 7), esto sería un ciclo completo y lo tienes que repetir hasta completar 7 ciclos completos.

Recuerdas los ejercicios que hablamos antes, los que te situaban en tiempo presente, este sería una extensión del ejercicio de respirar profundamente. Te recuerdo que puede recurrir a cualquiera de ellos, cuando los necesites.

TU PERCEPCIÓN SOBRE LAS PERSONAS PRÓSPERAS

Ya hemos visto, si crees que puedes ser una persona próspera, luego vimos si te resulta fácil para ti crear esa imagen del nivel al cual deseas llegar, ahora bien, pasaremos a explorar qué imagen tienes tú de las personas prósperas. Cuál es tu percepción.

Primero que nada, déjame decirte qué, si tú quieres ser una persona con dinero, tienes que amar a las personas ricas, las tienes que admirar y realmente querer convertirte en una de esas personas. Ya que es imposible que nos convirtamos en algo que nos desagrada.

Así que piensa en alguien que conozcas, quizás alguien famoso, que consideres que ha alcanzado la prosperidad, una persona rica y próspera. ¿Qué opinión tienes con respecto a esa persona?, ¿cuál es la representación que tienes en tu mente de una persona próspera y rica? ¿Te gusta lo qué ves? ¿Admiras a esa persona? Y aún más importante, ¿quisieras convertirte en ella?

Utilizando las preguntas anteriores, a forma de reflexión, quiero que pongas por escrito, lo qué piensas de las personas prósperas y ricas; de acuerdo con la referencia que tienes en este momento. Imagina que estamos tomando una fotografía instantánea, las imágenes cambian con el tiempo, por lo tanto, no te preocupes, si lo que vez, no te agrada. Esta, será la segunda imagen, que crearás, resérvala ya que dentro de poco la usaremos.

Quizás, recuerdes el clásico cuento de Navidad: «*A Christmas Carol*» escrito por Charles Dickens, cuyo personaje principal "Scrooge", es una persona rica, avara y egoísta. ¿Este personaje, se parece a tu opinión de las personas con dinero?

Si es así, es necesario modificar tu percepción, de lo contrario tu inconsciente siempre dirá, nunca quiero ser como esa persona, asociando el tener dinero con ser egoísta y avaro. Por consiguiente, nunca lo tendrás.

El objetivo de este apartado, es que pongas por escrito, las percepciones u opiniones que tienes con respecto a las personas exitosas, las que han alcanzado la prosperidad.

Es necesario, que crees esa imagen, para entender si es una imagen distorsionada o si es una imagen o vida que realmente te gustaría vivir.

Decimos que queremos ser ricos y prósperos, para entenderlo a un nivel más profundo, tenemos que ver si la imagen que tenemos en nuestra mente, de una persona rica, se corresponde con la vida que queremos para nosotros. Si la imagen, no es de tu agrado, es momento que empieces a crear una imagen diferente.

TU IMAGEN DE PROSPERIDAD

Ahora comparemos las dos imágenes que has creado tanto en la primera como en la segunda parte de este capítulo, haz una lista de las similitudes y diferencias que encuentras entre la imagen, que representa la persona en la que te quieres convertir y la imagen que representa para ti, ser una persona próspera, luego observa si existen algunos elementos en la segunda imagen que te gustaría integrarlos en la primera imagen.

Por ejemplo, si en la segunda imagen en donde colocaste una representación, de lo que es para ti una persona próspera, ves que es una persona muy segura y confiada, mientras que en la primera imagen que representa la imagen en la cual te quieres convertir, no se encuentran esos aspectos; es momento que reescribas tu primera imagen y le coloques cada uno de los elementos que le hagan falta.

De esta manera, poco a poco irás modificando tu imagen ideal de prosperidad, la cual puedes modificar las veces que quieras a medida que vas avanzando en tu camino. Realiza un escrito detallado de tu imagen del futuro próspero que deseas, colocando en ella cada uno de los elementos que te gustaría tener.

Imagina, que estás diseñando tu casa de los sueños, y constantemente vez en Pinterest o Instagram, fotos que representa esa imagen, por ejemplo, vez una foto de un dormitorio espectacular, otro día encuentras la cocina de tus sueños, y así vas poco a poco, construyendo la vida que deseas.

De repente un día, estás viendo un programa de televisión, donde te muestran casas espectaculares y te das cuenta, que te gusta más la cocina que acabas de descubrir. De eso se trata, cuando te pido, que crees una imagen, lo que deseo es que la vayas construyendo día a día, y a medida que vas encontrando más elementos, úsalos, para incluirlos en tu imagen. Y si un día encuentras algo, que ya no es de tu agrado, elimínalo, es tu propia creación, diriges lo que ocurre en tu propia historia.

Una vez que tengas tu visión clara, vamos a hacer una meditación para grabar esa imagen en el universo, cierra los ojos e imagina frente a ti, una pantalla, es una pantalla hermosa, donde puedes proyectar todo lo que deseas, es grande y es un lienzo en blanco esperando a ser pintado. Tú eres el artista, todo está dispuesto para que inicies tu creación. Coloca en esa pantalla toda la imagen que representaría para ti ser una persona próspera. Es necesario, que uses tu imaginación a mil, y que detalles, toda la vida que deseas vivir.

Puedes iniciar, dibujándote a ti mismo, observando, que tipo de ropa tienes, en que lugar te encuentras, que estás haciendo, viendo si hay personas a tu alrededor, escuchando, si hay sonidos, si logras escuchar algo, si tú eres el que está hablando o si alguien más lo está haciendo, y conéctate con tus emociones y sentimientos de felicidad, de estar ahí en este momento, el sentirte realizado, el sentirte que estás en donde quieres estar, que vives, tu propósito de vida, ese bienestar se refleja en todo tu ser.

Cuando tengas tu imagen bien clara, ahora métete dentro de esa pantalla y empieza a vivir todas las emociones y sensaciones de estar ahí hoy. Mantente en esa imagen, por unos minutos, disfruta el vivir esa realidad.

PASO 3: CREENCIAS CON RESPECTO A LA PROSPERIDAD

En este capítulo indagaremos sobre tus miedos o creencias que han impedido que seas una persona próspera. Aunque no somos conscientes de ellos, estos bloqueos han frenado la creación de la vida que deseamos.

En otras palabras, están ocultos para nuestra mente consciente, en un lugar olvidado que se nos dificulta acceder. Sin embargo, cada vez que queremos salir de nuestra zona de confort, salen a relucir, como los guardianes sagrados de nuestra vida.

MI MAYOR MIEDO HACIA EL DINERO ES....

Para ello, primero que nada, te pediré que escribas en letras grandes en tu cuaderno de prosperidad «¿Cuál es mi mayor miedo con respecto al dinero?», nuevamente te pediré que seas lo más honesto posible y que incluso escribas la respuesta con tu mano no dominante, para, de esta forma, crear una mayor conexión con tu inconsciente.

Tu mayor miedo es la causa principal por la cual no tienes dinero en este momento, en este caso nos estaremos enfocando principalmente en el dinero, sin embargo, como te mencioné para ser una persona realmente próspera, es necesario ser próspero en todas las áreas de tu vida, y por ello, si ahora tu mayor preocupación no es el dinero, sino, por ejemplo, la salud pues realiza la pregunta anterior, pero en este caso enfocado hacia la salud, por lo tanto, quedará formulado algo como lo siguiente «¿Cuál es mi mayor miedo a estar sano?»

En este libro hemos decidido enfocarnos primero en el dinero, debido a que, si tienes dinero y dejas de vivir sin presiones monetarias, las demás áreas de tu vida, serán aún más fáciles de equilibrar.

Muy bien, de seguro has escrito algo como: miedo a perderlo, miedo a que me lo quiten, miedo a convertirme en una persona mala, miedo a no tenerlo nunca, miedo a no saberlo administrar, etc.

Ahora, el siguiente paso será rastrear de dónde viene esa creencia, para ello pasaremos a recordar dónde fue que lo escuchaste por primera vez, donde lo viste, de donde crees que viene ese miedo.

Viviste alguna experiencia en donde hayas sentido ese miedo o quizás escuchaste alguna historia en donde alguien vivió esa experiencia, así que responde nuevamente en tu cuaderno: ¿De dónde crees que viene ese miedo? ¿Alguna experiencia vivida? ¿Algo que viste, escuchaste o sentiste? ¿Te contaron algo similar?

Veamos un ejemplo, supongamos que tu mayor miedo hacia el dinero es perderlo; probablemente en tu infancia viviste una situación similar, quizás tu familia tenía una buena condición financiera y, de repente, lo perdieron todo o quizás no fue algo que te pasó directamente a ti, sin embargo, viste, conociste o quizás escuchaste la historia de una persona que era muy rica y de repente lo perdió todo, y ahora tienes miedo de que te ocurra lo mismo, por ello, evitas que el dinero venga a tu vida.

Sin importar la experiencia que viviste o en contraste con respecto al dinero, lo que harás a continuación será tomar esa experiencia e imaginariamente, con los ojos cerrados, volver a verla y escucharla por unos instantes, luego pasarás a poner la imagen en blanco y negro, le bajarás el volumen y empezarás a hacerla pequeña, muy pequeña y alejándola totalmente hasta que se pierda en el horizonte. Ahora, es momento de que abras los ojos y repitas dos veces más el ejercicio anterior.

Por la siguiente semana te pediré que todos los días repitas la misma secuencia. Es decir, primero que nada, empieza escribiendo cuál es tu mayor miedo con respecto al dinero, luego rastrea de dónde viene, preguntándote de dónde crees que viene y, por último, al evento o situación identificada, coloca la imagen en blanco y negro, bájale el volumen y aléjala.

Realiza este ejercicio durante una semana y si al terminar la semana sigues sintiendo emociones muy fuertes, imágenes muy vivas o sonidos muy claros, cuando te haces la pregunta: ¿cuál es tu mayor miedo?, pues es momento de que lo repitas una semana más hasta que esas imágenes, sensaciones y sonidos hayan disminuido en intensidad. Continúa con la siguiente parte una vez que hayas realizado este ejercicio por al menos, una semana. Si te cuesta, encontrar un evento relacionado con tu miedo, usa las palabras, las escuchaste en algún momento de alguien, aunque no logres ver quien fue la persona que te las dijo, imagina, que le bajas el volumen y permites que se aleje toda esa información.

Esta técnica, la he marcado como "Ejercicio Estrella", porque es un ejercicio de autoconocimiento, es fácil de hacer y te permite descubrir aspectos muy importantes de tu ser. Realmente te recomiendo que lo realices por una semana; lo que trato de darte son ejercicios, que sean fáciles de hacer, que no sean monótonos y que puedas aplicar en cualquier momento de tu vida. Por lo tanto, ten en mente este ejercicio, para otro tipo de situaciones, como puede ser el amor o la salud.

QUÉ CREO CON RESPECTO A...

Anteriormente estuviste recordando cuáles eran tus miedos, creencias o experiencias vividas con respecto al dinero y la prosperidad. Ahora te pediré que una semana después de haber empezado a realizar tu ejercicio del mayor miedo hacia el dinero, pases a responder las siguientes preguntas:

¿Qué creo con respecto al dinero?
¿Qué creo con respecto a la prosperidad?
¿Qué pienso con respecto a las personas ricas?
¿Creo que puedo convertirme en una persona rica y próspera?
¿Me gustaría tener dinero y ser rico?
¿Qué siento cuando pienso en ser rico y tener mucho dinero?
¿Puedo verme a mí mismo siendo una persona rica?
¿Puedo escucharme y oírme que soy rico?

Durante todo el libro, te he estado preguntando diferentes aspectos con respecto al dinero y la prosperidad, como una forma de llegar a tu inconsciente y poder rastrear tus principales creencias con respecto al dinero, las cuales son el origen que te impide tener dinero en tu vida actual. Las preguntas anteriores son muy similares a las que realizaste en capítulos anteriores, sin embargo, te aseguro que tus respuestas no lo serán.

Tómate un momento para repasar todo lo que has escrito en tu cuaderno de la prosperidad, y te darás cuenta de qué, en el proceso de convertirte en una persona próspera, a medida que avanzas tus pensamientos y sentimientos se van transformando.

Ahora, durante los siguientes 30 días, crearás una rutina para crear prosperidad en tu vida, para ello sigue los siguientes pasos

Toma nuevamente tu diario o tu teléfono y durante todo el día anota las emociones, sentimientos, sensaciones, pensamientos, imágenes o sonidos que detectes durante el día con respecto al dinero y la prosperidad. Anteriormente, te pedí que anotaras tus pensamientos, los que surgían durante el día cada vez que tenías que anotar alguna actividad. Este paso era un entrenamiento previo y ahora que sabes cómo hacerlo, te pediré que te enfoques directamente en el objetivo que tienes en este momento, que es ser una persona próspera. Si te olvidas de anotarlo, coloca una alarma que suene varias veces al día y pregúntate qué piensas con respecto a la prosperidad o el dinero.

Dedica 30 minutos al día, como mínimo, para transformar tu vida. Es necesario que agendes este tiempo, para que puedas cumplir con este objetivo cada día y crearte un nuevo hábito.

Durante este espacio, empezarás a trabajar con las creencias que has identificado hasta el momento. Para ello vuelve a leer cada una de las respuestas que se encuentran en tu cuaderno y, para cada creencia que puedas identificar, busca el primer recuerdo en donde oíste, viste o sentiste eso, pregúntate de dónde crees que viene. Anota tu respuesta y luego modifica tu creencia, transfórmala en algo positivo. Para facilitar este ejercicio, divide una hoja de tu cuaderno en tres columnas. En la primera colocarás la creencia identificada, en la segunda el origen, en la tercera la creencia transformada, escrita de manera positiva enfocándote en lo que sí quieres.

Creencia identificada	Origen de la Creencia	Creencia transformada
Es difícil tener dinero	A mis padres, se les dificultaba generar dinero	Es muy fácil para mi, generar dinero haciendo lo que amo

Ahora que hemos identificado cuáles son tus creencias y que hemos identificado de dónde vienen, lo que harás a continuación será colocar esa imagen, el origen de tu creencia, en blanco y negro, bajarle el volumen a las voces y sonidos dentro de esa imagen y, poco a poco, reduce esa imagen hasta que la hagas pequeña; ahora aléjala hasta que se pierda en el horizonte, realiza este ejercicio al menos 3 veces por cada uno de los eventos que has reconocido.

Luego de realizar el ejercicio anterior, cierra nuevamente los ojos y ahora traerás a tu mente una imagen del futuro que deseas colocando en él cada una de las características que quieres sentir, ver y oír en esa imagen, viviéndola y sintiéndola vívidamente.

Es posible que, cuando trates de identificar el origen de una creencia, te sea imposible. En este caso, lo que harás será ver cómo se alejan las palabras escritas en el horizonte.

Después crea una imagen de lo que te gustaría que pasara en relación con esa creencia. Por ejemplo, si tienes una creencia que dice «El dinero no crece en los árboles» puedes crear una imagen que represente la abundancia en tu vida; puedes ver un árbol rebosando de dinero, puedes ver un árbol dando frutos, los frutos representan dinero.

Si trabajas en la agricultura, en el sector primario, habrás observado como la fruta que crece en los árboles, luego se transforma en dinero, al distribuirla, al venderla; además, también podemos ver que para hacer el papel que llamamos dinero, se utilizan las hojas de los árboles, por consiguiente, ¿todavía, sigues creyendo que el dinero no crece en los árboles? Repite los pasos anteriores para cada una de las creencias que has identificado.

PASO 4: TRANSFORMANDO MIS CREENCIAS

E s momento, que continuemos nuestro viaje y demos ese gran salto a la transformación. Primero que nada, quiero aclarar que la transformación es un proceso de todos los días; cada vez que vemos un nuevo amanecer, podemos crear una mejor versión de nosotros mismos; tenemos la oportunidad de renacer y transformarnos.

Teniendo en consideración todo esto, aprenderemos primero que nada a enfocarnos en lo que sí queremos manifestar y daremos inicio a la reprogramación de tu mente mediante el uso de afirmaciones.

CREANDO MI LISTA DE LO QUE SÍ QUIERO

En los primeros capítulos estuvimos identificando las creencias que te impiden alcanzar la prosperidad y en el capítulo anterior empezamos a trabajar en la transformación de estas creencias. Ahora veremos otras técnicas que te ayudarán a crear la vida que sí deseas.

Para empezar, te pediré que escribas cada una de las cosas que no quieres en tu vida en este momento, relacionadas con la prosperidad y el dinero, por ejemplo: «No quiero ser pobre», «No quiero tener deudas» y, de esta manera, ve poco a poco creando las creencias que no quieres en tu vida.

A continuación, toma una hoja de tu cuaderno de prosperidad y divídela en dos columnas. En la columna del lado izquierdo, escribe cada una de las cosas que "no quieres" en tu vida, seguidamente para cada elemento de la columna de la izquierda, colocaras en la columna derecha, su opuesto, lo que "sí quieres" en tu vida.

Por ejemplo, para la creencia «No quiero ser pobre», pregúntate ahora qué es lo que sí quieres y puedes colocar algo como «quiero tener mucho dinero, quiero poder cubrir todos mis gastos» y cosas por el estilo, de manera que vayas creando poco a poco tu lista de las cosas que realmente quieres en tu vida. Veamos la siguiente tabla a modo de ejemplo.

No quiero	Si quiero
No quiero ser pobres	Quiero ser rico, tener mucho dinero, poder cubrir todos mis gastos
No quiero tener deudas	Quiero ser abundante financieramente
No quiero ser mantenido	Quiero generar mi propio dinero

Una vez completado el ejercicio, olvídate de tu lista de NO y enfócate en la lista de Si, puedes leerla nuevamente y agregar nuevos aspectos. Este ejercicio lo puedes hacer fácilmente de forma mental, en cualquier momento. De esta manera, redirigimos tu enfoque y pensamientos a lo que si quieres.

Toda tu vida has estado enfocándote en cada una de las cosas que no quieres; por esa razón, estás atrayendo esas situaciones. Considero que, ha llegado el momento de pensar y hacer las cosas de manera diferente.

En resumen, a partir de hoy, cada vez que detectes que estás quejándote, que estás pensando en algo negativo o algo que no quieres, detente y pregúntate qué es lo que "sí quiero". De esa manera empezarás a enfocarte en lo positivo y en lo que realmente quieres atraer; estarás rompiendo el vínculo de atraer cosas negativas a tu vida y estarás enviando al universo realmente lo que sí quieres.

UTILIZANDO AFIRMACIONES

Seguramente anteriormente has escuchado hablar sobre las afirmaciones y cómo estás funcionan para atraer cosas positivas a tu vida. Es posible incluso que hayas intentado utilizarlas sin obtener los resultados deseados, por eso ahora hablaremos de la manera adecuada de utilizar afirmaciones.

Actualmente, algunas personas, en vez de utilizar el término de Afirmaciones, utilizan el de confirmaciones o decretos, ¿crees que una palabra no hace la diferencia? Si hablamos de confirmaciones, estamos aceptando que aquello que decimos ya es cierto, consecuentemente, es una aseveración, es una realidad. Independientemente de que utilices el término de afirmaciones, confirmaciones o decretos, debes entender el concepto detrás de esas palabras.

El punto clave para alcanzar lo que deseas es verte y visualizarte, con tu objetivo ya cumplido. Estamos hablando de ver el futuro como si fuera el presente, como si fuera algo que ya existiera en tu realidad en este momento.

Usualmente vemos las metas en futuro, como algo lejano, que en realidad no sabemos cuándo se cumplirán. Tienes que ver tu meta, como si fuera tu realidad, como si ya estuviera cumplida o realizada, vivir tu futuro en el presente.

Por ejemplo, si lo que más deseas es una casa, tienes que verte, oírte y sentirte que en este momento estás en esa casa, estás viviendo ahí con tu familia, estás viendo TV, estás cocinando, estás durmiendo en tu casa de los sueños.

Solo que ya no será tu casa soñada, sino tu presente. Para crear esa imagen puedes usar la palabra «recuerdas cuando...» y dirás algo como «recuerdas cuando vivíamos en ese pequeño apartamento del centro donde los niños tenían que compartir habitación (esta sería tu situación actual hablada en pasado) y ahora tenemos esta hermosa casa de dos plantas, en medio del bosque con un hermoso jardín, cada uno de los niños, disfruta de su propio dormitorio, hemos creado un espacio divino para compartir y pasar una hermosa tarde, reunidos cómo familia (este sería tu futuro expresándolo en presente)».

El ejemplo anterior, es una forma de utilizar las confirmaciones, los decretos. Has dejado de pensar en tu casa ideal como un sueño; lo has convertido en una realidad, en tu presente. Este es un simple ejercicio, que puedes crear en tu mente de manera rápida en cualquier momento, así que te invito a que lo hagas.

Ahora hablaremos, sobre algunas claves que son vitales en el momento de crear y utilizar afirmaciones, primero que nada, tiene qué estar creada en tiempo presente. Si creamos una afirmación en tiempo futuro, quiere decir que la misma nunca se realizará, por ser algo lejano y siempre encontrarse en el futuro. Por ese motivo, de ahora en adelante, cada vez que pienses en usar una afirmación; utiliza palabras cómo: "ahora mismo", "en este momento", "actualmente". Palabras que te sitúen en tiempo presente.

Además, evita utilizar la palabra NO, si quieres adelgazar nunca uses una frase como «NO quiero estar gordo», ya que tu inconsciente NO entiende esa palabra, la omite y en realidad tu afirmación se transformará en «~~NO~~ *quiero estar gordo*» y esto es lo contrario a lo que realmente quieres.

En cambio, puedes decir frases como: "Cada día estoy más delgado", "estoy adelgazando tantos kilos de manera fácil". Recuerda, siempre pensando en lo que «**SI quieres**» de esta manera, estaremos hablando en términos positivos.

Otra expresión que representa la esencia de quién eres, y puedes utilizar en tus afirmaciones, es el «YO SOY». Estas dos palabras tan poderosas, han sido usadas a través de los tiempos con resultados inmemorables. Incluso existe una película (documental) y libro de James F. Twyman llamado "El Código Moisés"; donde se explica bien este concepto, te invito a que leas el libro o veas la película, es muy esclarecedora. Asimismo, puedes revisar el Éxodo 3:14 de la biblia, el cual se muestra a continuación:

"Entonces dijo Moisés a Dios: He aquí, si voy a los hijos de Israel, y les digo: "El Dios de vuestros padres me ha enviado a vosotros", tal vez me digan: "¿Cuál es su nombre?", ¿qué les responderé? Y dijo Dios a Moisés: "YO SOY EL QUE SOY". Y añadió: Así dirás a los hijos de Israel: «YO SOY me ha enviado a vosotros»"

Una simple frase puede generar grandes resultados, por lo tanto, te recomiendo que, a partir de ahora, utilices el «Yo soy» en tus afirmaciones. Al hacerlo utilizamos el poder intrínseco, que tiene asociada esta simple frase. Por ejemplo: **YO SOY** extraordinaria.

Otra clave a tener en cuenta en el momento de utilizar afirmaciones, es el verbo de la oración. Se recomienda que el mismo se encuentre expresado en tiempo gerundio, debido a que el gerundio representa que la acción está en desarrollo. Y para alcanzar tus planes y metas, es vital tomar acción. Concretamente, podemos decir: Yo ahora mismo estoy *viajando* a Italia.

No nos podemos olvidar, de incluir la gratitud, en cada uno de los decretos que hagas; de esa manera le estamos dando las gracias al universo, por toda la prosperidad que hay en nuestra vida y toda la que vendrá. Una vez escuché una historia de una persona, que amaba pescar, antes de iniciar, siempre agradecía a Dios, por la abundancia de peces; normalmente, realizaba grandes pescas, por eso, las personas amaban ir con él a pescar, aunque no sabían cuál era su secreto oculto.

Anteriormente, te he mencionado la importancia de ser específico, para tener claridad con respecto al lugar al que quieres llegar. Con este fin, si quieres aumentar tus ingresos, pregúntate específicamente cuánto dinero quieres generar, de qué manera, en cuanto tiempo, cómo lo harás. Como resultado, tendrás una afirmación parecida a la siguiente.

«Yo Soy (tu nombre) y ahora mismo estoy aumentando mis ingresos mensuales en 1.000$/€ a partir del mes de junio del año xxxx»

Por último, lo más importante es que revises al momento de utilizar una afirmación, cómo te hace sentir. Las emociones y sensaciones que vienen a ti cuando realizas una declaración, tienen que ser las adecuadas para atraer lo que deseas a tu vida.

Repasemos lo que hemos aprendido con respecto a las afirmaciones. Primero que nada y principalmente tienen que estar escritas en positivo, nunca utilices la palabra NO. Utiliza frases que personifiquen presente, como: ahora mismo, en este momento, en este instante. Incluye la gratitud en tus decretos. Además, puedes utilizar el YO SOY, y escribir el verbo en tiempo gerundio.

ALGUNAS AFIRMACIONES DE PROSPERIDAD

En el siguiente apartado te mostraré algunas afirmaciones que puedes utilizar en tu proceso de alcanzar la prosperidad, puedes utilizarlas como están escritas o puedes inspirarte para crear tus propias afirmaciones:

- Gracias Dios, ahora mismo estoy permitiendo que la prosperidad entre en mi vida.
- Gracias, yo soy próspero y abundante en todos los niveles y tiempos.
- Gracias, a partir de hoy estoy viviendo en un estado de plenitud y abundancia absoluta.
- Gracias, en este momento estoy dando la bienvenida a la prosperidad con entusiasmo y acepto la abundancia ilimitada.
- Gracias, yo vivo en un universo abundante.
- Gracias, la prosperidad y la abundancia son mi estado natural.

- Yo estoy muy feliz y agradecida por la vida grandiosa que vivo cada día.
- Si lo puedo crear en mi mente, lo puedo crear en mi realidad.
- Gracias, yo soy abundancia y plenitud absoluta.
- Yo estoy compartiendo mi abundancia con otros.
- Gracias energía creadora, yo merezco ser próspero y rico.
- Gracias, ahora mismo, la abundancia se manifiesta en mi vida constantemente.
- Gracias divinidad, en el lugar en el que estoy siempre estoy rodeado de amor.
- Gracias, yo vivo en un universo abundante, próspero y generoso.
- Gracias, mis pensamientos de prosperidad, en este momento están creando mi mundo próspero y lleno de abundancia.
- Gracias universo, en este preciso instante, mi vida está llena de abundancia y de todo lo bueno.
- Gracias porque cada día vibro con energía creadora.
- Atraigo a mi vida las situaciones y personas correctas.
- Ahora mismo estoy liberando cualquier pensamiento o sentimiento que me limite.
- Cada día, mi vida está llena de oportunidades maravillosas que me permiten vivir en abundancia ilimitada.
- En este preciso momento el dinero está fluyendo libremente y en abundancia en mi vida.
- Gracias, la abundancia es mía, me pertenece.
- Doy las gracias por el flujo ilimitado de cosas buenas en mi vida.
- Yo vivo cada día con gratitud y manifiesto en mi vida

la vida que deseo.

- Gracias, yo ahora mismo estoy viviendo con libertad financiera.
- Yo soy un imán para el dinero y la abundancia.
- Gracias, yo merezco vivir con abundancia cada día.
- Gracias, el dinero es una fuente infinita que fluye en mi vida de manera abundante.
- Gracias, a través de mí cada día fluye una energía inagotable de riqueza.
- Gracias, yo estoy abierto a recibir toda la prosperidad y abundancia del universo.
- Gracias universo, yo me siento seguro y amado y puedo vivir plenamente cada día.
- Yo ahora mismo acepto que la abundancia y la prosperidad entre en mi vida.
- Gracias, la abundancia del universo, la prosperidad y el dinero son flujos infinitos en mi vida.
- Gracias divinidad, porque todo el dinero que gasto regresa a mí multiplicado por mil.
- Gracias, yo soy abundancia ilimitada.
- Gracias porque todo lo que deseo llega a mi vida.
- Gracias, yo soy digno de recibir la abundancia infinita.

Las afirmaciones anteriores las puedes utilizar en cualquier momento y recuerda identificar lo que sientes al utilizarlas; si sientes miedo, temor o crees que es mentira lo que estás afirmando, en realidad lo que estás enviando al universo es esa energía y, por lo tanto, lo que estás creando y manifestando en tu vida es miedo, temor y desconfianza. En este caso, al usar las afirmaciones estás atrayendo, lo contrario a lo que deseas.

¿CÓMO UTILIZAR LAS AFIRMACIONES?

Estuvimos hablando sobre como elaborar las afirmaciones, el siguiente paso sería como usarlas. Te daré algunas ideas que puedes habituar a tu caso en particular; toma los métodos que resuenen contigo. Lo más importante es crearte el hábito de pensar diferente, con esa finalidad estamos recurriendo al uso de afirmaciones.

Las teorías, nos dicen que para crear un nuevo hábito se necesita practicar el mismo de 21 días a 3 meses, necesitamos ese tiempo para grabar la nueva información en nuestro inconsciente. Te recomendaría que utilizaras mínimo por 1 mes las mismas afirmaciones, pasado este tiempo las puedes modificar o utilizar nuevas afirmaciones. Ahora te compartiré una serie de métodos que puedes incluir a tu rutina diaria.

Método 1: Diario de afirmaciones.

El primer método y el más usado es tener un diario de afirmaciones en donde día a día escribas tus afirmaciones, tienes dos momentos en tu día espectaculares para poder hacerlo. El primero es en la mañana, es importante empezar el día con hábitos positivos. Al cargarte con energía positiva, tu día fluirá, con la frecuencia adecuada. El segundo momento es antes de irte a dormir, de esta manera, programarás a tu inconsciente para que trabaje durante la noche, creando el mundo que deseas. Si te vas a dormir pensando en tus deudas o no puedes dormir por tus preocupaciones, esa es la vida que estás creando. Por lo tanto, evita irte a dormir con emociones negativas, si las tienes, realiza una meditación profunda, antes de dormir o algún método que te permita vaciar tu mente.

Además, déjame decirte que PREOCUPARSE es lo que ocurre antes de ocuparse, es decir, hay que tomar acción, seguramente muchas veces en tu vida algo que te preocupaba, una vez que lo hiciste resultó mucho mejor de lo que esperabas, ya que nos creamos una idea en nuestra mente; donde creemos que todo es peor de lo que realmente es. Somos mucho mejor que un director de Hollywood, creando películas espectacularmente escalofriantes en nuestra propia mente. Somos el creador y el espectador.

Método 2: Técnica del 70X7 o 55X5.

Otro método que me gusta mucho es el 70X7, te preguntarás en qué consiste este método, pues es muy sencillo, es escribir la afirmación de aquello que deseas, durante 7 días 70 veces al día. También se ha popularizado con el método 55x5. A continuación, te mostraré de manera más detallada este método:

1) Escoge la afirmación que vas a utilizar, tu deseo más grande en este momento, tomando en cuenta que la misma sea específica, además, te recomiendo que sea corta, máximo una línea, ya que, si es más larga, te cansarás y no llegarás a escribirla 70 veces.

2) Es importante destinar un cuaderno o libreta especial para llevar a cabo el ejercicio, en esta libreta primero que nada es-

cribirás en máximo una hoja, cada una de las características de tu deseo, como siempre, te recomiendo que escribas en tiempo presente y utilizando palabras positivas, al igual que incluyas el agradecimiento y el amor en tu escrito.

3) La descripción de tu deseo, es necesario que lo leas todos los días, antes de empezar a escribir 70 veces tu afirmación. De ahí viene la importancia de que máximo sea de una hoja, para que lo puedas leer fácilmente, a medida que lo lees conéctate con las emociones de verte, sentirte y oírte en esa imagen que estás creando, incluso puedes cerrar los ojos para que puedas crear la imagen más fácilmente.

4) Ha llegado la hora de ponerte a escribir. Para ello, lo que harás es que dividirás las hojas por la mitad de manera vertical, formando dos columnas, en la columna de la izquierda enumera las filas del 1 al 70.

5) Ahora, en la misma columna izquierda al lado de la numeración que has colocado, pasarás a escribir tu afirmación, conectándote nuevamente con esa meta alcanzada con todos tus sentidos viéndote, sintiéndote y escuchándote que te encuentras ahí en este momento.

6) Inmediatamente después que hayas escrito tu afirmación, pasarás a escribir en la columna de la derecha el primer pensamiento que venga a ti, sin juzgarte o detenerte a pensar demasiado, más adelante te detendrás a pensar lo escrito en esta columna. Repite los pasos 5 y 6 hasta que hayas escrito tu afirmación 70 veces.

7) Es importante que durante los 7 días consecutivos que realices este ejercicio, escribas exactamente la misma afirmación, utilizando las mismas palabras. Durante todo el tiempo que tardes en crear en tu vida lo que deseas, te estarás enfocando únicamente en este aspecto, más adelante podrás trabajar con otras áreas de tu vida. De ahí la importancia de utilizar una sola afirmación a la vez.

8) Una vez que has terminado el ejercicio, lee lo que has escrito en la columna de la derecha y aplica alguna de las técnicas que te he compartido en este libro, para que modifiques esa creencia, identificando el origen y transformándolo.

9) Se recomienda que, una vez cumplido los 7 días, dejes descansar una semana e inicies nuevamente el ejercicio, preferiblemente utilizando la misma afirmación hasta que la misma sea una realidad en tu vida.

10) Date cuenta de cuánto tiempo te lleva realizar todo el ejercicio, de manera que lo puedas agendar todos los días. Escoge, un momento en donde te sientas tranquilo. Es importante que realices el ejercicio de forma continua y sin interrupciones.

11) Si por alguna razón, un día te olvidas de escribir tu afirmación, inicia de nuevo el ejercicio como si fuera el día 1.

12) Es posible, que te parezca dimensionado escribir 70 veces tu afirmación o incluso tengas días en donde estés sin ánimos o sin ganas de escribir, sin embargo, te recomiendo que de todas maneras lo hagas, ya que para alcanzar algo tienes que dar algo a cambio y en este caso estás dando, tu tiempo, dedicación, esfuerzo y ganas de alcanzar lo que realmente deseas. Así que, ánimo, la perseverancia te llevará a alcanzar tus metas

En la siguiente imagen, puedes ver un ejemplo de cómo quedaría la realización de esta técnica; en la columna de la izquierda, estaría la afirmación que vamos a escribir 70 veces y en la columna de la derecha, están expresados, los pensamientos que vienen a tu mente mientras realizas el ejercicio.

Método del 70X7	
El dinero viene a mi fácilmente	Es mentira
El dinero viene a mi fácilmente	Falso
El dinero viene a mi fácilmente	Imposible
El dinero viene a mi fácilmente	
El dinero viene a mi fácilmente	Estas soñando
El dinero viene a mi fácilmente	Es cierto

Método 3: afirmaciones grabadas.

Otra manera de utilizar las afirmaciones es grabándolas, puedes utilizar tu teléfono o algún programa específico para grabarlas. Uno de los que más me gusta es *Audacity*, ya que tiene muchas opciones, solo tienes que aprender a usarlo y en internet existen muchos tutoriales. Si buscas un programa más sencillo te recomiendo el *Cool Edit Pro*, es más intuitivo y fácil de usar; cualquier programa de edición de audios, que te permita mezclar, será adecuado. Ya que tendremos, varias pistas, la primera con tu voz, la segunda con la música de fondo, preferiblemente te recomiendo que utilices música clásica como Mozart o algún tipo de música de relajación o meditación, música que sea de tu agrado.

Además, cuando realices la grabación de tus afirmaciones, puedes jugar un poco con tu voz, con respecto al ritmo y tiempo; diciendo las afirmaciones rápidas, lentas, a ritmo normal, y haciendo sonidos más graves o más agudos.

Una vez que has creado tu audio con afirmaciones, ahora las puedes utilizar de diferentes maneras, una de ellas es mediante hipnopedia (escucharlas mientras duermes), cuando tu consciente se encuentra dormido, tu inconsciente sigue despierto y está trabajando, por lo tanto, lo puedes reprogramar mientras duermes. Si quieres saber sobre cómo crear tu propio audio subliminal, puedes ver este video en donde te explico cómo hacerlo. https://bit.ly/audio-sub

Otra manera de escuchar tu audio de afirmaciones, es escucharlo mientras haces diferentes tipos de actividades como hacer ejercicio, cocinar, limpiar o quizás mientras conduces, escoge el momento y tiempo más adecuado para ti y empieza a escuchar tus afirmaciones.

Método 4: afirmaciones frente al espejo.

Muchos hemos empezado nuestro camino de crecimiento personal con Louise Hay, para mí fue una gran maestra, la primera en enseñarme una manera diferente de ver la vida. Su visión impactó de manera positiva, la vida de muchas personas y a pesar de su partida, continúa haciéndolo; sus enseñanzas han sido invalorables, su mensaje perdura a través del tiempo.

Nos mostró cómo empezar a amarnos a nosotros mismos, aceptarnos y querernos. Su fuerte siempre fueron las afirmaciones y en especial hacerlas frente al espejo, viéndonos a nosotros mismos a los ojos y afirmando la realidad que queremos.En honor a ella, estaré hablando de cómo realizar el trabajo frente al espejo.

En realidad, es muy sencillo de hacer, busca un espejo, puede ser de mano o un espejo más grande, lo importante es que te veas a ti mismo a través de él, que veas tus ojos. Que te mires realmente, muchos han dicho que los ojos son el reflejo del alma.

Por lo tanto, lo que tienes que hacer es mirarte a ti mismo, fijamente a los ojos, durante unos minutos, observa lo que ves; reconoce la persona grandiosa y extraordinaria que eres, las virtudes y dones que posees, una vez que hayas pasado unos minutos viéndote, empieza a decirte cosas hermosas, puedes tener una lista de afirmaciones a recitar, o simplemente déjate fluir, a ti mismo, puedes empezar con algo parecido a «Me amo y me acepto tal como soy» o quizás «soy feliz y me amo» puedes incluso, repetirlas en voz alta, mientras te miras al espejo; puedes sentirte incómodo o quizás te venga los típicos pensamientos negativos, ya que normalmente cuando nos vemos frente a un espejo, lo que hacemos es ver nuestros defectos o criticarnos a nosotros mismos.

Una vez que superes esa resistencia inicial, a medida que haces el ejercicio frente al espejo, te empezarás a sentir mejor, a amarte a ti mismo y a aumentar tu autoestima. Vernos al espejo y decirnos cosas lindas tiene muchos beneficios para nuestra salud mental y espiritual, te invito a que lo incluyas dentro de tu rutina diaria, puedes escribir una afirmación en el espejo de tu baño, para acordarte de hacerla cuando pases por él.

Algo que también recomendaba Louise Hay, era tener a mano algo donde anotar, con el fin de apuntar cualquier pensamiento negativo que pudiera surgir, al realizar tus afirmaciones; más adelante, podrías crear una nueva afirmación con esos pensamientos. Puedes ver este video donde hablo sobre como aumentar tu autoestima, con este método. https://bit.ly/afirmaciones-espejo

Método 5: Compañero de responsabilidad

También puedes incluir a algún cómplice en tu proceso de prosperidad, tener un compañero de responsabilidad, de manera de adquirir un mayor compromiso contigo mismo. Alguien que al igual que tú, este en el mismo proceso de transformar su vida; la idea es que se comprometan conjuntamente a cumplir una meta o implantar un nuevo hábito. Al final de cada día, entregarán su reporte, donde dirán honestamente si cumplieron con lo que prometieron; imagínate que es como entregarle un reporte a tu jefe, si no lo haces puede estar en juego tu trabajo. En este caso estará en juego, tu transformación o evolución.

Podemos ir un poco más allá, e invitar a que esa persona participe de manera más activa en tu proceso. Durante años, le hemos dado fuerza a la creencia errónea, que lo que dicen otras personas de nosotros, tiene mayor poder que lo que nos decimos a nosotros mismos, en este ejercicio vamos a utilizar ese principio a nuestro favor.

De la siguiente manera: reserva un espacio para que, en conjunto, se digan mutuamente las afirmaciones, de manera presencial o mediante llamada; la persona leerá tus afirmaciones en voz alta, en este caso las dirá en segunda persona porque te las estará diciendo a ti, mientras las escuchas, dirás mentalmente, frases parecidas a: «gracias; si, así es; es verdad; tienes razón», palabras que afirmen la verdad que estás escuchando.

Vamos a verlo de manera más clara, si tu afirmación es: «*Yo ahora mismo estoy aumentando mis ingresos en un 70 % con respecto al mes anterior*» pues tu amigo te dirá algo como «*Tú (puedes incluir tu nombre) ahora mismo estás aumentando tus ingresos en un 70 % con respecto al mes anterior*». A lo que contestaras mentalmente «sí así es, gracias»

Método 6: Utilizando recordatorios o Apps.

Otra manera de acordarte, de hacer tus afirmaciones, es colocando un recordatorio en tu teléfono con el nombre de la afirmación para que te suene varias veces al día y de esta manera recordarás tu afirmación. Incluso ya existen *App* en el mercado que se encargan de ello, puedes colocar fotos y programar tus propias afirmaciones, una de ellas y que yo utilizo es **Positive Thinking**, puedes explorar las que existen y empezar a usarlas.

Por otra parte, si eres seguidor del "Secreto" de Rhonda Byrne; tienen su propia aplicación, donde están escritas varias afirmaciones relacionadas con la prosperidad; además de otras características, como hacer tu propia lista de deseos, o recibir dinero virtual del universo. Personalmente, no la he usado, pero me pareció interesante el concepto.

En este apartado, he compartido algunas maneras de cómo utilizar las afirmaciones, depende de ti, que utilices aquellos métodos que vayan acorde contigo. Puedes utilizar más de uno a la vez y te recomiendo que lo utilices por lo menos durante 30 días o hasta que alcances tu objetivo, lo importante, como te mencioné antes, es perseverar. Los que triunfan son los que nunca se dan por vencidos

Pongamos el ejemplo de Thomas Alva Edison, quien realizó 999 ensayos antes de dar con el sistema que funcionaba y crear la bombilla; nunca se rindió o consideró sus fallos como fracaso, si lo hubiera hecho, quizás no conoceríamos a Edison, sino a alguien más que hubiera inventado la bombilla. Él confió en sí mismo, perseveró y, aunque le llevó tiempo, logró el éxito, y hoy todos los días podemos disfrutar del fruto de su invento.

Si quieres más información sobre las afirmaciones te invito a que revises el siguiente video, en donde te hablo un poco más de que son las afirmaciones y cómo usarlas. https://bit.ly/afirmar

Cómo te has podido dar cuenta, las afirmaciones, nuevamente las he dejado a tu criterio, te he dado diferentes técnicas o formas de utilizarlas. Todas las técnicas, que he expuesto, es porque yo las he usado en alguno u otro momento y he obtenido buenos resultados al hacerlas.

PASO 5: CREANDO MI VISIÓN DE PROSPERIDAD

T e he ido llevando por diferentes ejercicios para que descubras lo que realmente deseas en este momento, ahora es tiempo de que integres esa información, estoy seguro de que has descubierto muchas cosas de ti que no sabías, ahora tienes una mayor claridad para alcanzar lo que deseas. Además, también te he mostrado cómo puedes transformar tus miedos o tus creencias, así que es tiempo de que pases al siguiente nivel: el de crear realmente la vida que deseas. Así que elaboremos tu plan.

Manos a la obra, si has trabajado en alguna empresa o eres dueño de una, seguramente sabrás que siempre tienen por escrito su misión, visión, además de una planificación estratégica. Es momento que tú realices el mismo tipo de planificación en tu vida. No basta con tener una idea de lo que deseas, es importante que también la tengas por escrito, que elabores un plan y lo lleves a ejecución.

Quizás el punto más importante que te llevará a alcanzar la prosperidad es tener por escrito lo que deseas, lo que quieres alcanzar y verte y sentirte que lo estás logrando. Solo el 5% de la población mundial son los que tienen por escritos sus planes de acción, sus metas y objetivos; de ese 5% únicamente el 1% las tiene expresadas de manera correcta.

En general, esas son las personas exitosas, las personas que llegan mucho más allá de los estándares, son personas que conoces, personas que se destacan por tener una evolución impresionante, son personas que viven la vida que realmente desean. ¿Te gustaría ser parte de ellas?

Siempre tenemos metas, sueños, propósitos que queremos alcanzar como: la casa de nuestros sueños, el auto soñado, el empleo perfecto, la pareja ideal, el tipo de persona que queremos ser, el estado de salud, el bienestar y muchas cosas más que pasan por nuestra mente día a día.

Cuántas veces te has escuchado decir: este año bajaré de peso, me pondré a dieta; definitivamente voy a dejar de fumar; conseguiré un nuevo empleo, donde realmente me valoren; voy a dejar de vivir con deudas o presiones económicas, generaré más ingresos y dejaré de sobregirar mis tarjetas y, un sinfín de cosas que nos comprometemos a cumplir cuando empieza un nuevo año, y que olvidamos después de unas pocas semanas; por supuesto nos volvemos a acordar cuando llega de nuevo el fin de año y tenemos que hacer nuestros propósitos de año nuevo. Lo curioso es que siempre son las mismas metas año tras año y, sin embargo, siguen sin ocurrir.

Pues bien, dónde está el punto para que estos sueños dejen de serlo y se conviertan en realidades dentro de tu mundo físico, cosas que puedas tocar, ver y sentir realmente. Estos sueños muchas veces se quedan en simples sueños, son pensamientos que se pierden entre los otros millones de pensamientos que tenemos cada día, pensamientos que nos alejan cada vez más de lo que realmente queremos. Si has llegado hasta aquí y has aplicado cada uno de los pasos, ya has iniciado un cambio de mentalidad.

LA RUEDA DE LA VIDA

La rueda de la vida, es una herramienta muy utilizada en el coaching para la exploración interior de tu situación actual, mediante una representación gráfica de cada una de las áreas de tu vida; permitiéndote ver las oportunidades de mejora.

Como su nombre lo indica, es una rueda, un círculo, que se encuentra dividido en secciones; cada sección representa un área de tu vida. La idea es que esta rueda sea lo más redonda posible de manera tal que puedas moverte por la vida de forma equilibrada. A continuación, te muestro como sería una rueda de la vida.

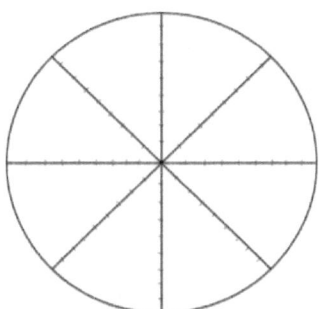

El objetivo principal es poder identificar cómo se encuentra tu vida en este momento, qué áreas requieren más atención que otras; es tomar una fotografía de tu vida o definir tu estado actual. En algunas áreas, estaremos en un nivel de excelencia, mientras que en otras tendrán un nivel más bajo y, por lo tanto, serán oportunidades de mejora.

Una vez elaborada la rueda de la vida, escogerás un área en donde pondrás todo tu enfoque, empezando por definir una meta en específico y más adelante, elaborarás un plan de acción.

Durante la realización de este ejercicio, es probable que pases por un sinfín de emociones y cada una es tan importante como la anterior, por ello, es muy significativo que prestes atención a lo que estás sintiendo y percibiendo en cada ocasión.

Generalmente la rueda de la vida se divide en 8 áreas, sin embargo, este número no es limitante, depende totalmente de ti, si deseas colocar más o menos áreas. De igual forma, las áreas que coloques son de acuerdo al criterio de cada quien.

Recuerda que la rueda es para representar tu vida en este momento y por ello las áreas que coloques en ella serán las que resultan importantes para ti en este momento.

A continuación, te muestro los pasos a seguir, para realizar la rueda de la vida, no te olvides de buscar tu libreta de prosperidad, para realizar este ejercicio.

1. **Dibuja la rueda de la vida,** es una especie de pastel o pizza redonda. Te quedará una forma parecida a la siguiente:

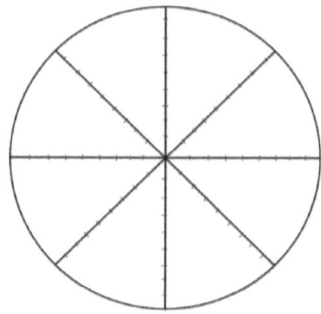

2. Coloca las áreas de tu vida que son importantes para ti en este momento. A continuación, se muestra una lista a modo de ejemplo, con algunas áreas que podrías incluir en tu rueda de la vida, úsalas únicamente si están acorde contigo:

Familia	Trabajo/ Empleo	Espiritualidad	Condición física
Amigos	Empresa/ Negocios	Ocio	Dinero
Amor	Hijos	Deporte	Compañeros de trabajo
Relaciones Personales	Crecimiento personal	Salud	Diversión

El formato que estamos utilizando a modo de ejemplo se incluye espacio únicamente para 8 áreas. Puedes agregar más áreas si lo requieres, e incluso utilizar menos. Una vez que coloques todas las áreas dentro de tu rueda, te quedará algo parecido a lo siguiente:

3. Ahora califica del 1 al 10 cada área, siendo 10 la puntuación máxima. Para ello, detente un momento a reflexionar y pregúntate para cada una de las áreas de la rueda de la vida: ¿Cómo me encuentro en esa área? ¿Estoy obteniendo los resultados que deseo? ¿Cuáles son mis principales desafíos? ¿Estoy desarrollando todo mi potencial? ¿Estoy en el lugar que me gustaría estar?

Una vez que has reflexionado sobre cómo te encuentras en esa área, evalúala del 1 al 10. Recuerda el 10, es la máxima puntuación, quiere decir que estás desarrollando todo tu potencial, estas en el nivel más elevado; mientras que el 1, representaría, que estas en tus inicios y todavía te falta mucho para poder desarrollarte plenamente. Realiza este análisis con cada área hasta completar totalmente tu rueda. Te quedará algo parecido a lo siguiente:

4. Une los puntos y observa que figura se forma. Ahora viene la parte más divertida, volvemos a ser niños, ¿recuerdas ese juego donde teníamos que los unir puntos para descubrir la figura? Es momento de volver a jugarlo.

5.   Ahora, el siguiente paso es analizar tus resultados, recuerda el objetivo es que esa figura sea lo más redonda posible, para que puedas moverte de manera equilibrada en tu vida.

Las puntuaciones más altas nos indican, que estamos bien en esa área y las más bajas son oportunidades de mejora. Responde a las siguientes preguntas, en función de los resultados obtenidos:

¿Cuándo observas tu figura cómo te sientes?
¿Qué pensamientos vienen a ti en este momento?
¿Te sientes conforme con los resultados obtenidos?
¿En qué área obtuviste tu mayor puntuación?
¿En qué área obtuviste tu menor puntuación?
¿En qué área te gustaría empezar a mejorar tu vida?

6.   Siempre existen oportunidades de mejora. Colócate metas para cada una de las áreas de tu vida. Puedes ser metas generales o específicas, a corto o largo plazo. Donde tengas un alto grado de claridad, coloca metas específicas y donde no, has una visión más general.

7.   Finalmente, escoge el área con la que te gustaría empezar a trabajar. Sigue tu instinto. ¿Cuál área te generaría un impacto más

grande en tu vida? Puede ser el área donde obtuviste el menor puntaje o quizás no. Describe de forma detallada tu meta y tu situación ideal. Colócate metas para corto, medio y largo plazo.

Las siguientes preguntas las responderás en función del área en la cual te gustaría empezar a trabajar, para crear la vida que deseas:

¿Cuáles son tus principales debilidades en esa área?
¿Cuáles son tus principales fortalezas?
¿Cuáles son tus principales amenazas?
¿Cuáles son tus principales oportunidades?
¿Cuáles son tus estrategias?
¿Cuáles son tus metas?

CREANDO TUS METAS

Una vez realizada tu rueda de la vida, viene la parte más importante, la de la fijación de metas, tanto a corto como a mediano plazo. Algunas de las razones por las cuales nunca nos ponemos metas, es porque creemos que nos limitan, y pensamos que probablemente nunca lleguemos a alcanzarlas. Cuando te fijas una meta, es vital disfrutar del proceso de alcanzarla. Cada uno de los pequeños pasos son importantes, nos permiten aprender y crecer en el proceso.

Por lo tanto, si te fijas una meta en un tiempo específico y cuando llegue el momento no la has alcanzado; es momento de replantearse las estrategias que estás utilizando para alcanzar la meta. El camino puede cambiar infinidad de veces, mientras que la meta permanece.

Volvamos a la rueda de la vida en donde te pedí que escribieras una meta para cada una de tus áreas. Ahora retomemos esas metas y volvamos a escribirlas de manera más específica teniendo en cuenta lo siguiente:

La meta tiene que estar escrita de manera positiva y de una forma que nos sintamos bien al leerla, evitemos incluir la palabra **"NO"** en ella. Sé más específico con tu meta pregúntate: ¿Qué? ¿Cómo? ¿Cuándo? ¿Dónde? ¿Cuál? Y agrégale la palabra **ESPECÍFICAMENTE** al final de cada pregunta que te hagas referente a la meta, para de esta manera poderla definir en tiempo y espacio. Por ejemplo, una persona que desea bajar de peso, podríamos preguntarle:

¿Cuántos kilos específicamente quieres adelgazar? 8 kilos

¿De qué parte de tu cuerpo? De la barriga y las piernas

¿En cuánto tiempo vas a adelgazar esos kilos? En cuatro meses

¿Qué específicamente te hace falta para bajar de peso? Hacer dieta, e ir al gimnasio.

¿Cuál dieta específicamente vas a realizar? Voy a ir al dietista a que me dé una dieta equilibrada

¿Cuándo irás al dietista? La próxima semana

¿Qué día de la próxima semana específicamente? Tengo que llamar al dietista para que me dé una cita.

¿Cuándo llamarás al dietista? Mañana lo llamaré

¿a qué hora específicamente lo llamarás? A las 9 de la mañana

¿Cuándo vas a empezar a ir al gimnasio? La próxima semana

¿Qué día de la próxima semana específicamente? El miércoles

¿A qué hora específicamente iras el miércoles al gimnasio? A las 5 de la tarde

¿A cuál gimnasio específicamente vas a ir? Al que queda cerca de casa

¿Cuántas veces por semana específicamente vas a ir al gimnasio? 3 veces por semana

¿Cuántas horas específicamente iras cada día? Cada día iré 2 horas

¿Qué tipo de ejercicio realizarás? Cardio y máquinas...

La meta que originalmente se había definido como **Bajar de peso**, de manera más específica ha quedado como lo siguiente:

«Voy a adelgazar 8 kilos de la barriga y las piernas en un

periodo de 4 meses, para ello iré a la dietista para que me dé una dieta equilibrada, mañana la llamaré a las 9 de la mañana y le pediré una cita. Además, empezaré el gimnasio el miércoles de la próxima semana a las 5 de la tarde, asistiré 3 veces por semana, realizando ejercicios de cardio y máquinas durante 2 horas cada día»

Como puedes observar, podemos todavía desglosar más esa meta preguntando cosas como ¿qué tipo de ejercicio específicamente haremos? Y dependiendo de las respuestas que obtendremos, seguiremos preguntando hasta el punto que nos parezca que está suficientemente definida.

ALGUNOS ASPECTOS FINALES SOBRE LAS METAS

Repasemos las características que debe tener tu meta. Primero la ejecución de la meta debe depender absolutamente de ti sin involucrar a otras personas, es decir, tú eres el responsable de que la meta ocurra o no. Si escribes, por ejemplo, una meta que diga "Que el cliente X me llamé" le estás dando la responsabilidad al cliente, y este puede decidir hacerlo o no; muy distinto será establecer una meta que diga: Llamar al cliente X el viernes a las 3 pm, en este caso la responsabilidad de la acción cae totalmente en ti.

Por otra parte, tienes que ser lo más específico que puedas, por lo cual hemos utilizado anteriormente las preguntas: ¿Qué? ¿Cómo? ¿Cuándo? ¿Dónde? ¿Cuál?, para desglosar la meta en todos sus aspectos.

Otro elemento importante, es que la meta sea medible, que se pueda cuantificar el resultado, por ejemplo: *conseguir 3 nuevos clientes esta semana* o bajar 8 kilos en 4 meses. Son metas cuantificables, tenemos la evidencia que nos permitirá saber si obtuvimos la meta.

Asimismo, es trascendental que la meta sea posible, que sea alcanzable, que dispongas de los recursos y capacidad necesarios o que puedas adquirir estas capacidades o recursos en función de alcanzar la meta que deseas.

Por último, es importante, que se encuentre definida en el tiempo, que tenga una fecha de caducidad, ya que, si no tiene una fecha de terminación, en realidad no la estaremos definiendo adecuadamente. En el ejemplo de bajar de peso el objetivo tiene una fecha de caducidad de 4 meses. Puede ser que al cumplir ese lapsus de tiempo la meta no se haya alcanzado en su totalidad, quizás esté en un 60%, por lo tanto, será necesario ajustarla, en referencia a la nueva experiencia que hemos tenido a través del tiempo que lleva la meta en ejecución.

Todo lo que hemos hablado con respecto a tu meta se resume, en el método SMART, verifiquemos de que trata este metodo:

S (Specific) Específica: tu meta tiene que ser lo más específica, para ello pregúntate cosas como: qué, cuándo, cómo, dónde, con quién. Y con cada respuesta que des, nuevamente vuelve a preguntar, hasta que llegues al punto en donde ya no puedas desglosar más tu meta y, por ello, diremos que tienes una meta suficientemente específica.

M (Measurable) Medible: es importante que nuestra meta sea algo que podamos medir fácilmente, de manera que sepamos con total precisión cuándo la alcancemos.

A (Achievable) Alcanzable: con alcanzable nos referimos a que sea algo posible para nosotros, que contemos con las capacidades necesarias para adquirirla o que sea posible desarrollar esas habilidades o capacidades. Es importante preguntarnos en este punto si existe alguien en el mundo que ya haya alcanzado esa meta y si creemos que nosotros lo podemos alcanzar. En caso de que no lo creamos, es posible que estemos en presencia de una creencia limitante y para ello será necesario una exploración más profunda para eliminarla o contrarrestarla.

R (Relevant) Relevante: es decir, la meta tiene que ser importante para ti, te tienes que plantear, que hay detrás de la meta, ¿Por qué deseas alcanzarla? Necesitamos descubrir "el para qué" de la meta, la razón por la cual vale la pena realizarla. Una meta relevante, nos mantendrá siempre automotivados. Por ejemplo, si deseas alcanzar un nuevo empleo, para generar más dinero, darles un mejor futuro a tus hijos o pasar más tiempo con ellos; el para qué, de la meta, es demostrarle a tu familia que los amas. Y cada vez, que te sientas desfallecer, volverás a recordar ese para qué y volverás al camino auto motivándote. Por lo tanto, si tu meta no te produce, esa clase de motivación, lo más probable es que termines abandonándola a mitad del camino.

T (Time-Bound o Time-Oriented) Limitada en el tiempo: la meta tiene que estar especificada en el tiempo, por lo tanto, tiene que tener una fecha de inicio y una de fin; tener un tiempo de ejecución; esto nos permitirá mantener el enfoque a través del tiempo. El saber que la actividad que estamos realizando, culminará en un tiempo específico; se vuelve un reto personal el cumplir con ese tiempo. El trabajar en pro a objetivos, fijados en el tiempo.

Otro aspecto importante a resaltar, cuando nos fijamos metas, es saber que las metas se pueden ajustar, estos tiempos, se puede modificar en un futuro próximo, sin embargo, tenemos que partir de una estimación. También puede ocurrir, que la hayamos sobreestimado y que en realidad la alcancemos en mucho menos tiempo. Y no hablamos solo del tiempo, sino de cualquier detalle, involucrado con la meta; al inicio hacemos una estimación, presentamos un proyecto y a medida que pasa el tiempo, nos percatamos de detalles, que desconocíamos en un principio, es cuando se nos presentan las oportunidades y tenemos que ajustar nuestra meta; por lo tanto, las metas también tienen que ser flexibles.

CREANDO UN PLAN DE ACCIÓN

Ahora veamos qué es lo primero que tendrías que hacer en este momento para alcanzar tu meta, cuál sería tu primer paso, por dónde empezarías a partir de hoy. Además, analiza cuáles serían tus siguientes pasos a seguir, puedes escribir tus pasos de manera general y más adelante volver a este punto y desglosarlos siendo más específicos, hasta que puedas llegar a tareas específicas que realizar en tiempo y espacio, que serán las pequeñas metas que te llevaran a alcanzar el objetivo final.

Ahora vamos a involucrar al inconsciente en tu plan, quizás prefieras pedirle ayuda a alguien para realizar este ejercicio o utilizar una grabadora, bien puede ser tu teléfono, para grabar todo lo que digas.

Primero te pediré que pongas tu meta en una hoja, colocando el inicio y el fin de la misma. Ahora dibuja una línea en el piso de manera vertical, puedes colocar una cinta para delimitar esa línea. Al final de esa línea colocarás la hoja en la que has escrito tu meta y al inicio de esa línea toma otra hoja y escribe la palabra «presente». Vamos a hacer una línea de tiempo.

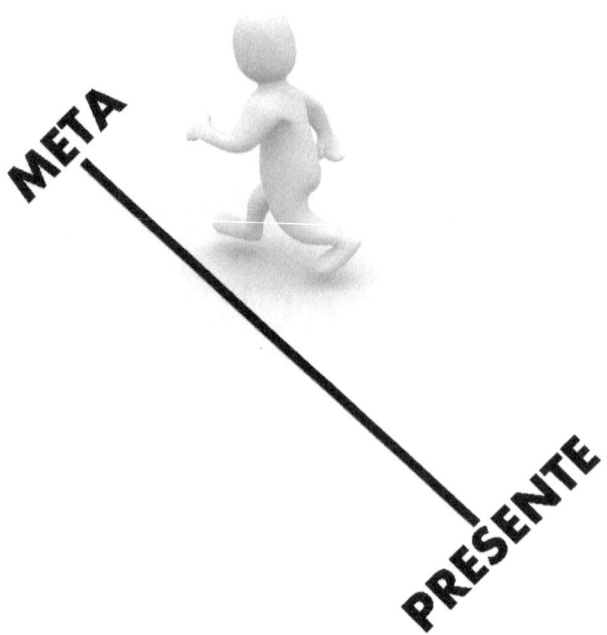

Toma tu teléfono o grabadora y empieza a grabar lo que digas. Camina hacia tu meta y, por unos instantes, cierra los ojos e imagina que estás ahí, viéndote, sintiéndote y escuchando, que alcanzaste tu meta, felicítate por haberlo hecho, celébralo, vívelo plenamente. Estás situado encima del papel donde escribiste tu meta y la palabra presente se encuentra a tus espaldas.

Ahora da un paso hacia atrás y pregúntate: ¿a cuánto tiempo estoy de mi meta?, ¿qué estoy haciendo?, ¿qué veo?, ¿dónde estoy?, ¿quiénes están a mi alrededor? Sitúate en este momento hasta que veas una imagen clara. Describe lo que estás viendo en voz alta, para que se pueda grabar. Si alguien te está ayudando que vaya tomando notas de lo que estás diciendo y que vaya repitiendo lo que dices, para que te ayude a conectar más. Repite mentalmente la pregunta ¿algo más?, hasta que sientas que ya no hay nada más que decir.

Una vez que ya has definido tu imagen nuevamente da un paso hacia atrás y vuelve a preguntarte lo mismo, hasta que veas claramente el momento en el que estás. Este paso lo repetirás hasta que llegues al momento presente. En todo instante, durante la realización de esta parte del ejercicio, es importante que mantengas tus ojos cerrados para una mayor concentración. Puede ser que hayas dado 3 pasos, 5 pasos o más pasos, tu inconsciente sabrá cuantos pasos necesitas para alcanzar tu meta.

Cuando termines, escucha la grabación y anota todo lo que dijiste, utiliza hojas o folios diferentes para cada paso. Si te ayudó alguien, ya tendrás listas las hojas de los diferentes pasos, ya que esa persona durante el proceso anotó todo lo que fuiste diciendo.

Finalmente, coloca cada uno de los pasos en tu línea del tiempo, en el lugar correspondiente.

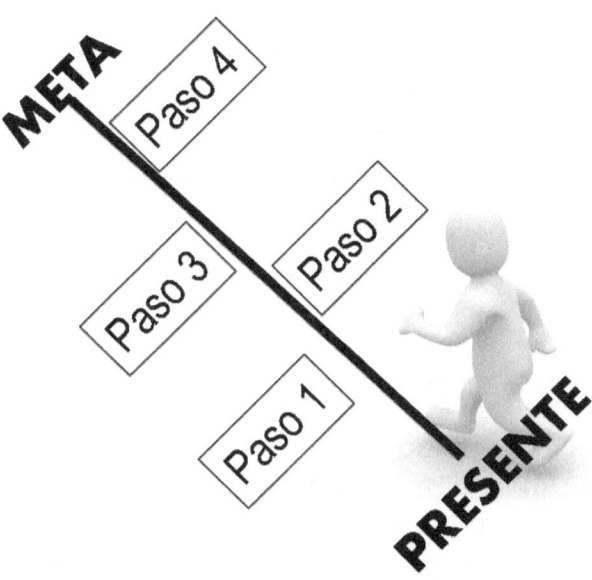

Vuelve a vivir el proceso, caminando desde el presente hasta la meta, ve leyendo y repasando lo que has puesto en cada paso, es momento de agregar o quitar cualquier aspecto que consideres oportuno.

Ahora vuelve a revivir tu meta desde el presente hasta el futuro una vez más, deteniéndote en cada paso leyendo lo que está escrito y cerrando los ojos y visualizando cada uno de tus pasos hasta llegar a la meta final.

Ya tienes elaborado tu plan, ahora veamos qué significa para ti alcanzar esa meta. Pregúntate repetidamente qué significa para ti alcanzar esa meta y a lo que encuentres como respuesta, vuelve a preguntar una vez más que significa para ti alcanzar esa meta y con la respuesta vuelve a preguntar una vez más. Hasta que logres encontrar realmente cuál es el valor detrás de la meta.

Por ejemplo, tu meta puede ser comprar una casa y el valor detrás de la meta es decirle a tu familia que la amas y darles seguridad. Y, para alcanzar esta meta, lo que estás haciendo es aumentar tus ingresos en este momento.

Así que, junto con el plan que has elaborado, ten presente el para qué de tu meta, lo que realmente representa para ti y esa será la motivación más grande que puedas encontrar.

En definitiva, ya hemos elaborado un plan, ahora veamos si existe otra manera de alcanzar tu meta, si hay otro camino, si hay algo más que puedas realizar que hasta este momento no has considerado. Es importante ver todas las posibilidades que tenemos alrededor, ya que quizás la que parecía más imposible es la que en realidad te llevará a alcanzar tu meta.

El último paso será poner por escrito cómo es tu vida una vez que ya has alcanzado tu meta, tenemos que vivir la meta como si ya fuera una realidad y la manera de hacerlo es ver todo lo que haces una vez que ya tienes lo que anhelas. Por ejemplo, si lo que deseas es mejorar tu salud, obsérvate, vete y siente todas y cada una de las cosas que haces ahora que te encuentras totalmente sano, lleno de vida y energía, de eso se trata vivir tu vida como si ya lo hubieras alcanzado. Así que te invito a que dejes volar tu imaginación y te crees en este momento la vida que deseas.

Con todo lo que has descubierto en este libro, vas a crear un escrito que represente un plan de acción que te lleva a alcanzar lo que quieres. Todo lo que hicimos anteriormente fue una preparación previa para llegar a este punto, puedes integrar las afirmaciones que hemos realizado anteriormente dentro de tu plan. Y a partir de hoy este plan lo leerás todos los días, como mínimo 2 veces al día: al levantarte y acostarte y en estos dos momentos visualizarás como tu vida transcurre en tu mente, exactamente como lo has imaginado.

Este es el paso más importante y el que te llevará realmente a alcanzar lo que anhelas, ya que en este momento estás imprimiendo en el universo lo que realmente deseas, es lo que estás enviando al campo cuántico y cómo el tiempo es relativo y puedes estar en varios lugares a la vez, aquello que imaginas en realidad ya está ocurriendo en este momento; simplemente tienes que mantener la perseverancia y la fe en que ya es una realidad.

Esta última parte del libro, la he dedicado a mostrarte de una forma u otro, lo que realizamos dentro de un proceso de coaching; por supuesto en las sesiones trabajamos de manera más intensa y personal, sin embargo, quería darte herramientas que pudieras utilizar fácilmente en tu vida.

El último aspecto será incluir el agradecimiento en tu plan, despierta cada día agradeciendo el lindo día y todas y cada una de las cosas hermosas que tienes a tu alrededor y termina tu día nuevamente agradeciendo el día genial y espectacular que has tenido recordando los mejores momentos del día. El agradecimiento tanto por lo que tuviste en el pasado, lo que tienes en la actualidad y lo que tendrás en el futuro te permite mantener un estado de vibración alto. Cuando mantienes ese estado puedes crear absolutamente todo lo que desees, así que empieza a vibrar altamente.

ADMINISTRANDO EL DINERO DE MANERA ADECUADA.

Al inicio de este libro, te dije que hablaríamos de la manera adecuada de administrar el dinero; ese punto lo estaremos tratando en este apartado. Primero que nada, la administración de tu dinero no depende de si tienes poco o mucho. Las personas, tenemos formas diferentes de administrar el dinero, de comportarnos alrededor de él. Algunos son ahorradores; otros en el lado opuesto de la moneda, les encanta gastar, incluso lo que no tienen. También tenemos a los que sienten desapego por el dinero y, el último grupo está conformado por los que evitan el dinero, los que no quieren saber nada de él, ni siquiera hablar al respecto.

Simplemente tenemos personalidades diferentes, te sentirás identificado más con una que con otra. Ninguna es buena o mala, solo son formas diferentes de hacer las cosas. Ahora bien, sin importar en el punto que te encuentres, siempre es bueno aprender a administrar nuestro propio dinero de manera adecuada. Como todo en esta vida, existen diferentes maneras de hacerlo.

La técnica que te compartiré es la manera como T. Harv Eker, te enseña a administrar el dinero en su programa "Los secretos de la mente millonaria", si leíste el libro, quizás ya sabrás de que te hablo, se trata del método de los 6 Jarrones o *6 Jars*, por su nombre en inglés.

Primero que nada, esta técnica, la tienes que aplicar, cada vez que recibas dinero, sin importar cual sea la fuente, si te dieron dinero por tu cumpleaños, si recibiste ingresos de tu empleo, empresa, sea lo que sea, tienes que dividirlo. Segundo, estas jarras pueden ser cuentas bancarias, contenedores, sobres, huchas; el objetivo es separar tu dinero, colocándolo en lugares diferentes, sea de forma virtual o física.

Algunos bancos te permiten crear, diferentes subcuentas desde tu cuenta principal. Otra opción es utilizar un App. Yo he usado una que se llama *"MoneyOi - 6 jar money method"* para sistema Android. Y para sistema iOS, estuve investigando y encontré una llamada *"Manage Money - 6 Jars"*. Por supuesto existen más Apps, si deseas usarlas, te invito a que investigues un poco al respecto. Lo interesante de las Apps, al igual que las jarras en físico, es que te permiten ver de forma visual, como crece tu dinero.

Si aplicas este método, por primera vez; te recomiendo que busques jarras o contenedores que puedas tener de forma física en tu hogar; colócalos en un lugar visible, de manera que día a día puedas observar cómo prospera tu dinero. Es lo mismo, que plantar un árbol a partir de una semilla, no querrás perderte cuando salgan sus primeros brotes.

A pesar de ello, vivimos en un mundo netamente digital, el efectivo lo vemos cada vez menos, casi podemos decir que está en extinción. En el momento en el que escribo este libro, todavía existe, sin embargo, es posible que en unos años desaparezca.

Por lo tanto, si tienes posibilidades puedes hacer tus jarras con dinero físico, si no es tu caso hazlas con dinero digital. Sin importar, la forma que utilices, lo importante del método es que te ayuda a tener una *mejor administración de tu dinero, al separar.* De esta manera, no estarás gastando de más o tendrás miedo a utilizarlo, ya que sabrás exactamente de cuánto dinero dispones para cada actividad; de cierta forma te dará más seguridad, tranquilidad, y se te eliminará ese temor a no saber si estás usando bien tu dinero.

Después de tantos preámbulos, ahora si hablemos del método; lo primero que tendrás que hacer al recibir tus ingresos del mes, es separar lo correspondiente a los impuestos. Haz un aproximado, de lo que pagas al año y tradúcelo a meses, de manera de saber cuánto dinero, tendrás que separar. Coloca este dinero en una cuenta aparte.

Una vez separado el dinero de los impuestos, el paso siguiente, es empezar a usar las 6 Jarras o cuentas; por lo tanto, te voy a explicar en qué consisten y qué porcentaje de tu dinero tienes que colocar en cada una de ellas. Los porcentajes, son sugerencias, los puedes modificar; si sientes que no dispones de dinero suficiente, en este momento para aplicar el método; puedes iniciar con una pequeña cantidad, lo que tengas a tu disposición. Esta filosofía nos dice, que el hábito de manejar tu dinero, es más importante que la cantidad en sí.

Necessities. Jarra de Necesidades Básicas (55%): en esta Jarra estará el dinero destinado, a tus gastos básicos, como son: pagar el alquiler, la hipoteca, los seguros, los servicios, la comida, incluso la ropa indispensable para tu día a día.

Long-Term Savings for spending. Jarra para las compras grandes a largo plazo (10%): Esta jarra es para comprar cosas caras, como puede ser: el último teléfono, un ordenador (computadora), pagar un viaje, comprar una casa, un auto, pagar la universidad de tus hijos. Sueños grandes que requerirán cierto tiempo de ahorro para alcanzarlos. Si tienes deudas, vas a utilizar un porcentaje de esta jarra para pagarlas, dividirás el dinero en dos jarras colocando 5% en cada una de ellas. La primera por supuesto seguirá cumpliendo la función de tus compras a largo plazo y la segunda estará destinada al pago de deudas. Si tienes más sueños, puedes hacer más jarras.

Education. Jarra de Educación (10%): No tienes idea, lo importante que es invertir en ti mismo, en tu educación, en formarte en crecer como persona. Por lo tanto, esta jarra estará destinada a comprar libros, asistir a conferencias, charlas, talleres, cursos, realizar un programa de coaching o mentoría. Todo lo que tenga que ver con crecimiento personal y espiritual.

Play. Jarra de Jugar (10%): muchos aman esta jarra, es muy divertida, porque te permite invertir en tu diversión, en tu tiempo de ocio. Como puede ser ir a un Spa o cosas más mundanas como salir a cenar o ir al cine. Esta jarra es para darte una vida de lujos, mimarte, darte lo que quieres. También puedes usarla para comprar ropa de lujo, la ropa del día a día, ya estaba cubierta en tu jarra de necesidades básicas. Una característica que tiene esta jarra, es que a final de mes tienes que gastar todo lo que tengas acumulado. Solo en casos excepcionales, puedes ahorrar máximo lo de 3 meses.

Give. Jarra de Dar (5%): Esta jarra, está destinada a dar a los demás, puede ser comprar un regalo, dar a la caridad, dar a los necesitados, a una ONG, lo que salga de tu corazón. Si tu situación, no te permite en este momento, destinar dinero a la caridad, puedes dar tu tiempo, ya hemos hablado que el tiempo es un recurso vital, puedes darlo en vez de dinero.

Financial Freedom Account. Jarra de libertad financiera (10%): Esta jarra también es muy especial, primero que nada, todos los días, tienes que poner dinero en ella, así sea un céntimo; ya que en lo que te enfocas se expande, y lo que quieres ver es como crece tu libertad financiera; por lo tanto, si es posible, podrías tener esta jarra en casa, aunque sea para que puedas ver visualmente como cada día, la vas llenando. Al final de mes o cuando ya tengas una cantidad sustanciable puedes ir al banco y depositar lo que tengas dentro de tu cuenta de libertad financiera. Las características de esta jarra son: primero nunca puedes gastarla, lo que haces es que inviertes ese dinero y una parte de tus beneficios van de nuevo a esa jarra. Por ello, la vas a usar para generar ingresos pasivos, para invertir en bienes raíces, hacer cualquier tipo de inversión. Por lo tanto, primero que nada, tienes que aprender a invertir, cuando sepas como hacerlo, es cuando utilizaras este dinero; teniendo en cuenta que siempre tienes que dejar algo de dinero en la jarra, jamás puedes dejarla en cero. Y recuerda estás invirtiendo no gastando.

Hagamos un resumen del método:

1.   Reserva un dinero específico para tus impuestos.

2.   Cada vez que recibas dinero, tienes que dividirlo en las 6 jarras. Si en este momento no puedes separar todo tu dinero, reserva un porcentaje para aplicar el método. Teniendo en cuenta que es más importante el hábito que la cantidad.

3.   Si tienes deudas, utiliza la jarra de las compras grandes para solventarlas. Siempre pagando lo mínimo que puedas.

4.   La jarra de Jugar, tienes que gastarla todos los meses, máximo acumula lo de 3 meses.

5.   Los porcentajes expuestos en este método, son a modo de ejemplo; los puedes modificar a conveniencia.

6.   Dedica tiempo a instruirte sobre las inversiones.

Espero que disfrutes utilizando este método y veas como tu dinero va creciendo día a día. Solo es cuestión de regar y abonar correctamente. Como te comenté existen otras maneras de administrar el dinero, sin embargo, esta es mi favorita, me parece sencilla y muy fácil de realizar. Y aún más importante puedes enseñarles a tus hijos cómo hacerlo, sin importar la edad que tengan pueden aprender desde ya, la manera adecuada de administrar el dinero.

UNA VISIÓN DIFERENTE DE LA PROSPERIDAD.

En un momento, te mencioné, que este libro lo había escrito con dualidad. Ya que me di cuenta, primero que nada, que no existe un solo camino, o una sola forma de hacer las cosas, quería darte la mayor información posible, de manera que tú pudieras trazar tu propio camino; porque recuerda, lo que he querido expresar en este libro es "tu camino hacia la prosperidad" no el mío, el de tu pareja, el de tus hijos, el de un amigo, ÚNICAMENTE... EL TUYO.

Por más que quiera, es imposible para mí, entrar en tu mente y decirte lo que tienes que hacer. Por eso más de una vez en el libro, te menciono, "sigue tu propio instinto", "tu guía divina". Algunos dicen, que no vinimos con un manual de instrucciones, desde mi perspectiva ese manual es el instinto.

Teniendo en consideración, todo esto, lo que quise plasmar en este libro, son los diferentes caminos o formas que he transitado personalmente; existen aún más, algunos los desconozco y en otros no he querido incursionar. Por consiguiente, toma esta información y aplícala en tu vida, creando tu propia versión.

Por supuesto, sin caer en el camino del vago, si no haces nada, a pesar de toda la sabiduría que quise expresar en estas páginas, tu vida seguirá exactamente igual; aunque te he dado muchas opciones, no existe la opción de no hacer nada, tienes que hacer algo y si en este libro a pesar de mis buenas intenciones, aún no encuentras tu camino, te invito a que sigas buscando, investigando, leyendo, hasta que lo encuentres. No existe otra manera de hacer las cosas, tienes que investigar y abrirte a las posibilidades, entender que existe algo más allá, que todavía no has aplicado o que todavía no entiendes, y que ha dado como resultado la vida que vives ahora.

Esta última parte del libro, la quiero dedicar al Ho'oponopono, aunque lo mencioné anteriormente de pasada, me gustaría usar esta ocasión para extenderme y mostrarte cómo lo puedes aplicar en tu camino a la prosperidad. Primero que nada, es un arte ancestral hawaiano de resolución de problemas, es una forma de vida, una filosofía, no va en contra de ningún tipo de religión; es un camino más espiritual y qué me ha ayudado a mí a conectarme precisamente con mi espiritualidad.

Parte del principio de qué soy absolutamente responsable de lo que me pasa. Responsabilidad no es lo mismo que culpa; culpa es que no tenemos poder, responsabilidad es recuperar nuestro poder y cambiar las cosas. Por lo tanto, todas y cada una de las historias que hemos recordado en este libro, de tus experiencias con el dinero, hemos sido responsables de cada una de ellas.

Que quiero decir con esto, que cuando te dijeron, más de una vez, «El dinero no crece en los árboles» fuimos responsables, de creernos esa realidad y de aceptarlo como verdadero; podrás decir, es que éramos pequeños y no lo entendíamos, es cierto, sin embargo, ahora tienes la responsabilidad para corregir o borrar esas experiencias.

Como comenté anteriormente, las experiencias, se repiten constantemente; dentro del Ho'oponopono, las llamamos memorias, estas memorias pueden ser de nuestra vida actual o de otras vidas; se habla de que vivimos muchas vidas, y que estamos en esta vida para reparar o borrar un error (una memoria). Además, al limpiar, no solo borramos nuestras memorias, sino también la de las personas, con las cuales compartimos esa memoria.

De igual forma borramos las memorias de nuestros ancestros; si queremos buscar similitudes, con otras corrientes, podemos decir que es similar a las terapias, donde se realiza limpieza del árbol genealógico. Sin embargo, desde el punto de vista del Ho'oponopono, no necesitamos, ni siquiera saber, cuáles son esas historias, no tenemos que ir a escarbar en nuestro pasado o en el de otros; solo tenemos que dar permiso para borrar, eso es todo lo que tenemos que hacer y es más sencillo de lo que parece.

Por otra parte, tampoco tenemos que buscar a un experto que nos aplique el Ho'oponopono, somos nosotros mismos junto a la Divinidad, los que tenemos que hacer todo el trabajo. Para hacerlo, no se requiere ningún tipo de título o profesión universitaria. Tampoco existe la duda si lo estaré haciendo bien, es tan sencillo que absolutamente todos lo podemos hacer, solo hace falta seguir ciertas pautas.

Lo primero, es utilizar las "palabras mágicas" también conocidas como palabras gatillo o herramientas de limpieza; al usarlas, paramos los pensamientos, conectamos con el presente y damos permiso a la divinidad para que realice la limpieza.

Lo que más me gusta de esta filosofía, es que, al ser responsables, nuestra vida depende solo de nosotros, ya no estamos atrapados en él me hicieron o dijeron, dejamos de estar desvalidos. Solo tenemos que limpiar y liberarnos.

Lo segundo es que el trabajo pesado o la limpieza, en realidad, ni la hacemos nosotros, solo tenemos que dar permiso, para que la misma se realice; es como si llamáramos a un escuadrón de limpieza, para que dejara impecable nuestra casa, después de que hagan su trabajo, solo tenemos que disfrutar del resultado. En nuestra vida pasa lo mismo, pedimos ayuda y las situaciones de alguna manera se resuelven, se limpian. El escuadrón de limpieza, es Dios, la Divinidad, el universo, la fuente o cualquier otro nombre con el que quieras referirte a él o ella.

Por lo tanto, al usar una de esas herramientas, no sé lo que estoy limpiando, no me entero, no necesito saberlo; solo tengo que hacer mi parte del trato, es decir, usar uno de los instrumentos de limpieza.

Si queremos buscar, más similitudes con otras corrientes; muchas de ellas nos dicen, que tenemos que localizar el origen, el bloqueo, y cuando trabajemos con él, nuestro presente se resuelve, no obstante, puede ser que la situación se resuelva o puede que no. Si no se resuelve, es que tenemos que trabajar más, hay que seguir escarbando; por ejemplo, si ya trabajamos con un Chakra, el siguiente punto es desbloquear o equilibrar el siguiente; si ya trabajamos con nuestra infancia, tenemos que trabajar con la gestación; si ya perdonamos a nuestra madre, ahora tenemos que perdonar a nuestro padre; si ya no encontramos nada más en nuestra vida, es que tenemos que buscar en la vida de nuestros ancestros. Por lo tanto, el trabajo nunca termina, siempre hay algo más que hacer.

Cuando practicamos el Ho'oponopono, ocurre algo similar, debido a que la limpieza nunca para, se hace todo el tiempo las 24 horas, es una filosofía de vida. Todos los días, vivimos situaciones que tenemos que limpiar; no se trata de hacerlo por un día y creer que todo se solucionará. Más bien, tenemos que trabajar en ello todo el tiempo, se trata de implantar un nuevo habitó. La diferencia que veo con respecto a otras corrientes, es que es más sencillo, es más fácil. Por eso mi mentora Mabel Katz, lo autonombró "el camino más fácil", yo me di cuenta de que, si era el camino más fácil, o al menos lo era para mí, pero no sé si también lo será para ti.

Me gusta hacer similitudes con otras técnicas o corrientes de crecimiento personal y/o espiritual, para que te des cuenta de que al final de un modo u otro estamos hablando de lo mismo. Todo se trata de trabajar con nuestro interior.

Luego de esta pequeña pausa, es momento que sigamos hablando del Ho'oponopono. Ahora vamos a tocar el punto de dar permiso, el dar permiso es repetir constantemente, las 24 horas del día, alguna de esas palabras claves. Existen muchas herramientas, te daré una lista de algunas que yo uso, sin embargo, tú también puedes diseñar tu propia herramienta, si te viene de inspiración, una palabra mágica, úsala para tu limpieza.

Muy bien, vayamos con las herramientas, algunas de ellas son: "Te amo", "Gracias", "Suelto y Confió", "Me cierro al vacío", "pongo la flor de lis en la situación". Como te expliqué, existen muchas más, solo te he dado, las que uso comúnmente, voy cambiando de una a otra siguiendo mi instinto, si siento que una no me está funcionando, que me estoy dejando llevar por la corriente del miedo, de inmediato cambio a utilizar otra. Todos somos diferentes y resonamos con diferentes palabras, por lo tanto, existen diferentes herramientas.

El otro aspecto que me encanta del Ho'oponopono, es que lo que se limpia de mí se limpia de otros, esa memoria, que ni siquiera tengo idea de que es, de esa manera, aunque la intención primordial es sanarme yo, porque nada está en el exterior; como efecto secundario, estoy ayudando a otros a limpiar, aunque ni se enteren de que estoy llevando a cabo mi limpieza, aunque no practiquen esta filosofía o compartan mi manera de pensar; se terminan beneficiando, de mi propio trabajo interno. Como te mencione anteriormente, vinimos a dar y nos encanta ayudar a los demás. Qué manera más linda de hacerla, que ayudarnos a nosotros mismos y por consecuencia o efecto secundario, ayudamos también a los otros.

Evidentemente, esto no descarta o sustituye, que todos tenemos que hacer nuestro propio trabajo interno, no podemos hacer el de los demás.

Cuando empezamos a aplicar esta filosofía, los milagros empiezan a aparecer, por ejemplo, si tenemos un conflicto con alguien, de repente la situación se resuelve de manera inesperada; puede ser que el conflicto siga, no obstante, yo siento paz en mi interior y dejo de verlo como algo malo. Las situaciones o conflictos, siguen apareciendo; solo que ahora nos damos cuenta de que son oportunidades de limpiar, de despejar el camino, estamos quitando la mala hierba, de nuestro camino de prosperidad.

Lo único que tienes que hacer, para practicar el Ho'oponopono es repetir las 24 horas del día mentalmente alguna de las herramientas que te he compartido. Ni siquiera tienes que sentir la herramienta que estás usando, la puedes decir con rabia, con dolor, pero llega un punto, en donde te empiezas a sentir mejor, sientes esa conexión con la fuente, y te llega una sensación de paz. Con esa sencilla práctica ya estamos limpiando nuestro interior, no necesitas recorrer a otra corriente, si solo practicas eso, ya lo tienes. Pese a ello comprendo, que quizás no sea tu camino o tu momento.

CONECTANDO CON ALGO MÁS ALLÁ DE NOSOTROS MISMOS

Cuando hablo de conexión, hablo de espiritualidad, de darnos cuenta de que existe algo más allá afuera, llámalo antimateria, si te hace sentir mejor, llámale Dios, universo, divinidad, fuente universal, padre, ser creador.

Creemos que somos autosuficientes, sin darnos cuenta de que hay situaciones en donde resulta prácticamente imposible hacerlos solos; a pesar de ello, seguimos resistiendo hasta llegar al punto de quiebre y es donde algunos deciden pedir ayuda; solicitando intervención divina.

En realidad, este tipo de intervención, la podemos pedir todo el tiempo, en cada momento; lamentablemente, la mayoría de nosotros, solo nos acordamos que existe, cuando las cosas van realmente mal. No obstante, no hace falta caer en esos estados. Siempre tenemos a nuestra disposición un recurso infinito, del cual no nos acordamos, no sabemos cómo usarlo o más bien nadie nos ha explicado cómo hacerlo.

Existen muchas corrientes, para conectar con la espiritualidad; yo encontré la espiritualidad, cuando empecé a usar el Ho'oponopono, antes estaba perdida, no sabía cuál era mi lugar en el mundo con respecto al plano espiritual.

Puede ser que nunca nadie me lo explicó de manera tan sencilla, desde mi percepción, solo existía un Dios castigador, ciertos rituales que tenías que cumplir, y si no lo hacías eras mala persona. Cuando crecí, cuando fui más consciente, me di cuenta de que esa no era mi manera, no resonaba conmigo, lo que llamaban religión, por lo tanto, me alejé de las iglesias y cualquier cosa que se pareciera.

Cuando la gente hablaba de espiritualidad y de que era diferente a religión; dentro de mi propio universo, de mi sistema de creencias, no lo entendía; no llegaba a comprender de qué estaban hablando.

Me recomendaron el libro conversaciones con Dios, y seguía sin entenderlo del todo, más que leer el libro, vi la película, y me gustó, me pareció interesante, pese a ello, tampoco me ayudó a despertar mi espiritualidad, quizás mi grado de conciencia en ese momento estaba muy dormido.

Una amiga, me solía decir, tu problema es que no te enseñaron en casa lo de ser espiritual; más bien es qué para mí, estaba ligado con la religión, no lograba separar esas dos corrientes. Desde mi visión, entraban en el mismo saco, no podías tener una sin la otra. Cuando me hablaban de espiritualidad, normalmente, mencionaban a la iglesia o a la biblia, y yo estaba esperando alejarme de eso. En la iglesia, no había encontrado lo que estaba buscando, solo miedos.

Por lo tanto, mi camino a la espiritualidad, fue muy confuso; no sabía en qué creer, pese a ello tampoco llegue a ser atea, en realidad ni siquiera me gusta esa palabra, simplemente estaba confundida. Después de mucho buscar, había encontrado un nuevo camino, mucho más cómodo y simple, empecé a creer en el universo, en la ley de la atracción, en que si yo quería algo lo podía atraer con mi mente y que el universo se encargaría de ello.

Esto era algo más sencillo y fácil de entender, me permitió incursionar más en este mundo con buenos resultados, el tener confianza, que algo más allá de mi propio entender, estaba a mi disposición para cuando lo necesitara; puede ser que estos fueron mis comienzos con la espiritualidad.

Aunque ahora lo veo de otra manera, esa época me ayudó mucho a ampliar mis horizontes y poder manifestar cosas increíbles en mi vida, aprendí a usar la ley a mi favor; no obstante, había momentos que continuaba con dudas con inseguridades e incluso con miedos.

Sin embargo, una de las cosas que más apreciaba, con esta nueva corriente en la que estaba incursionando "la ley de la atracción"; es que podía vivir en el presente y dejar el pasado atrás. La corriente que seguía antes me guiaba, a estar todo el tiempo recordando mi pasado, perdida en una búsqueda eterna, preguntándome todo el tiempo ¿qué fue lo que pasó?, tratando de recordar, quizás buscando incluso culpables.

El escarbar en el pasado, buscar el origen de las cosas, y transformarlas, me ayudó, cambié muchas cosas en mi vida, empecé a crecer como persona. Aunque esa era mi mentalidad de hace cuatro años, sin ella no estaría aquí hoy.

No obstante, no es mi mentalidad de ahora; por eso decidí crear esta segunda edición de este libro, porque realmente quería mostrarte, que existe otro camino u otra manera de hacerlas cosas; quiero darte toda las opciones para que seas tú el que decida.

Todo lo que he expresado, en este libro ha sido mi camino, y al estar transitando en este momento una nueva parte de ese camino; necesitaba compartirlo contigo, por decir de alguna forma lo que me ha funcionado y lo que no; sentí que necesitaba transmitir este mensaje al mundo; ya que al haber encontrado una manera diferente de hacer las cosas, me parecía lo más justo poderlo transmitir y ese fue el primer punto que me llevó a realizar una nueva edición del libro.

Por lo tanto, aquí es donde entra la espiritualidad en mi vida y para mí llego de la mano del Ho'oponopono. Fue quizás la última pieza del puzle; si no hubiera empezado a sanar hace años, creo que jamás hubiera llegado a este punto; en función de ello, no lo descarto del todo, todo me ha ayudado, puede ser que eso que hice antes fue la primaria, ahora me encontraba quizás en la graduación o en la universidad, mi nivel se ha elevado, nivel de conciencia, nivel de crecimiento personal, mi perspectiva del mundo se ha ampliado.

Cada cosa que he hecho, me ha ayudado a llegar a este nivel, a tener una comprensión más amplia del mundo, por supuesto cada vez se abre un poco más, se expande, estamos constantemente creciendo, y no hablo de cumplir años, hablo de que nuestra conciencia se vuelve más sabia, percibe las cosas de manera diferente; cuando inicie mi camino de crecimiento personal, fue cuando realmente empecé a crecer como persona, anteriormente me encontraba en un punto en donde quizás seguía viviendo como niña, en donde me controlaban mis creencias, hasta que dije basta la vida puede ser más sencilla.

 Teniendo en consideración estos aspectos, cuando encontré el Ho'oponopono. Fue cuando deje de dar golpes de ciego. Entendí varias cosas la primera, quizás la más difícil, "no tener expectativas", existe el libre albedrío por supuesto que sí, existen los deseos, sin embargo, no sé si lo que pido es lo correcto y perfecto, no sé si las cosas se tienen que resolver, de la manera que mi mente lógica, dice que tienen que hacerse, solo me dejo ir, "Suelto y Confió", borro doy permiso; pongo mi granito de arena, si existe un plan maestro un plan que es más perfecto de lo que puedo imaginar, porque me voy a empeñar en cambiarlo, ahora solo actuó desde inspiración, siguiendo siempre mis instintos, si te das cuenta, si sigues a más personas, siempre te dirán lo mismo, hagas la pregunta más sencilla que puedas hacer, si la persona, se encuentra lo suficientemente elevada, te dirá sigue tu instinto, tú eres el que sabes, no pretenderás, qué ella te dé todas las respuestas.

Al principio me enfurecía, por decirlo de alguna manera y decía, «no quiero que me digas eso, quiero que tú me des las respuestas», como un niño pequeño ante una rabieta, ahora veo que esa, es la respuesta más sabia que te puede decir alguien «solo sigue tu instinto», ese es el único secreto que existe; tu voz interior habla a gritos y nunca la escuchas, es momento que estés atento y la oigas.

Para poder oír esa voz y escuchar las señales, desde mi nuevo entender, tengo que estar todo el tiempo en el presente, limpiando y usando una de las herramientas que me ha dado el Ho'oponopono. Y cosas extraordinarias, que siempre están fuera de lo que concebimos como posible o lógico, los llamados milagros, ocurren.

El mensaje que te quiero dejar con esta última parte, es que necesitas trabajar en tu espiritualidad. Ya te hablé de como encontré la mía, ahora es momento, si es que aún no la encuentras, que descubras el camino que te llevé a encontrarte con ella.

Espero que hayas disfrutado de este libro y que sus conocimientos los pongas en acción, si tienes algún tipo de pregunta o consulta, puedes enviarme un correo electrónico a atraetuideal@gmail.com y con gusto te responderé a cada una de tus inquietudes. Además, si deseas continuar con el proceso de transformación de tu vida y quieres una ayuda más personal, contáctame y fijemos una cita inicial de forma gratuita. Gracias por haber llegado hasta aquí, por haber leído este libro, ahora es momento de crear una vida espectacular.

MANUAL DE TRABAJO. IMPLEMENTACIÓN.

Dispón de un cuaderno, libreta, folios u hojas blancas, para realizar los ejercicios. Colócale como título: Mi camino hacia la prosperidad empieza HOY: "YO SOY ABUNDANTE Y PRÓSPERO EN TODOS LOS NIVELES QUE DESEO EXPERIMENTAR".

PASO 1: CAMBIANDO TU MENTALIDAD.

1. Descubriendo mi propósito de vida.

•Identifica lo que amas hacer. Responde honestamente a los siguientes planteamientos:

MI PROPÓSITO DE VIDA ES...
¿Qué te apasiona hacer?
¿Qué amas realmente?
¿Para qué eres bueno?
¿Qué te gusta leer?
¿Qué te gusta ver?

¿Qué buscas constantemente en internet?
¿Qué ves en YouTube, Pinterest y demás redes sociales?
¿A quién sigues en YouTube, Instagram, Facebook, Twitter...?
¿Cuándo haces que... el tiempo pasa volando?
¿Cuáles son tus hobbies?
¿Qué hobbies tenías cuando eras pequeño?
¿Qué te gustaba hacer realmente, cuando eras niño?
¿Qué harías aun si no te pagaran?
¿Si vivieras sin presiones monetarias, sin necesidad de trabajar, qué harías con tu vida, en qué invertirías tu tiempo?

•Si lo deseas, puedes preguntarles a personas cercanas a ti, según su criterio:

¿Cuáles serían, tus dones naturales?
¿En qué momento pedirían tu ayuda?

•Durante tu vida cotidiana, identifica en qué momento te sientes feliz y en paz, "¿cuándo haces que... encuentras esas emociones de tranquilidad?"

•Visualiza el futuro que quieres crear.

Obsérvate, escúchate y siéntete haciendo lo que amas. Pregúntate: ¿En dónde estás, con quién? ¿Cómo te sientes al estar ahí? ¿Qué te dices en ese momento? ¿Puedes mantener esa imagen mental? ¿Te gusta lo que ves?

•Pon por escrito tu propósito de vida. Te daré un ejemplo:

"Mi Propósito de vida es contribuir y apoyar a que miles y miles de personas, transformen su vida, a que evolucionen, a que encuentren su razón de ser, a que alcancen la vida que realmente desean, a que manifiesten sus sueños más profundos y sobre todo que vivan una vida plena, próspera y feliz"

Si lo pongo en una sola frase diría: "Yo lo que realmente amo hacer es influir a las personas de manera positiva"

2. El tiempo: Nuestro mejor recurso.

Identifica como inviertes tu tiempo, registra tus actividades diarias. Coloca como título: ¿Cómo invierto mi tiempo? Al inicio de cada día, escribe la fecha y registra tus actividades junto a su tiempo de realización, una especie de agenda. Además de ello, es importante que anotes, cualquier tipo de información relevante, obstáculos u/o interrupciones. Reserva tiempo para analizar y sacar tus propias conclusiones.

Marzo 18 del año...

Ducharme (15 minutos)

Desayunar (30 minutos)

Dirigirme al trabajo (20 minutos)

Revisar la agenda (10 minutos)

Realizar llamadas pendientes (40 minutos)

Reunión con Juan
>   Inicio: 10:20 am
>   Fin: 11:45 am

3. Enfocándome en la Prosperidad y la Abundancia.
Crea, tu diario de Abundancia, de gratitud hacía el dinero. Cada vez que recibas dinero, anótalo en tu diario precedido de un signo de + y agradeciendo, a la persona o situación que trajo esa abundancia a tu vida.

15/06/....

+2€   *Gracias María por el café.*

+1.000€   *Gracias a mi jefe por mis ingresos.*

+1€   *Gracias universo por este dinero que me diste.*

+10€   *Gracias a la tienda ... por este descuento.*

+45€   *Gracias José y Mónica, por esa cena tan espectacular en vuestra casa.*

4. Vivir en el presente. Algunas técnicas que te pueden ayudar son:

- Respirar profundamente.

- Colocar una liga o elástico en tu muñeca.

   Actívala cada vez que tu mente se desvíe. Crea un refuerzo positivo, besando tu muñeca y diciéndote "Gracias" o "te amo".

- Utilizar el "Reset botón".

   Imagina un botón rojo de Reset o resetear y presiónalo cuando desees reiniciar tu mente.

- Meditar.

  Enfócate en tu respiración y en dejar ir cualquier pensamiento.

- Enfocarte en la gratitud.

  Busca cada una de las razones por las cuales estás agradecido.

- Utilizar el Ho'oponopono.

  Este arte hawaiano de resolución de problemas se utiliza para borrar memorias o corregir errores. Repite mentalmente alguna de las palabras gatillo ("Gracias", "Te amo", "Suelto y Confió", "Me cierro al vacío" …).

- Escribir, al escribir te liberas.

5. ¿Qué es la prosperidad para ti?

- Responde a estas preguntas ligadas con la prosperidad:

  ¿Qué es la prosperidad para mí? ¿Cuál es la visión que tengo con respecto a la prosperidad? ¿Qué pienso de la prosperidad? ¿Qué siento cuando me hablan de prosperidad? ¿Realmente quiero ser próspero? ¿Qué pienso de las personas ricas y prósperas?

- Crea tu propia visión de prosperidad, Mi visión sería la siguiente:

  *"Mi visión de prosperidad, es sentirme tranquila,
  en paz, feliz y vivir mi propósito de vida"*

6. ¿Nos controlan nuestros pensamientos?

- Investiga tu pasado. Recuerdos olvidados.

  ¿El dinero llegaba fácilmente? ¿Era fácil de administrar? ¿Existían deudas o miedos a llegar a fin de mes? ¿Existía escasez?

¿Cómo te sentías con respecto al dinero? ¿El dinero se iba de las manos? ¿Por qué crees que rechazas el dinero en este momento de tu vida?

•Imágenes recordadas de manera visual:

¿Qué viste con respecto al dinero mientras crecías? ¿Qué imágenes relacionadas con el dinero vienen a ti cuando recuerdas tu niñez? ¿En esa etapa te ves a ti mismo teniendo dinero de manera fácil? ¿Puedes observar si en tu familia existía prosperidad? ¿Viste peleas o discusiones con respecto al dinero? ¿Puedes ver y recordar alguna situación en donde existieran deudas? ¿Con relación a los objetos materiales, eran fáciles de obtener? ¿Puedes ver en tus recuerdos, alguna escena en donde tu familia allá sido visitada por acreedores o cobradores? ¿Algo más que puedas ver con respecto al dinero?

•Imágenes grabadas de manera auditiva.

¿Qué oíste con respecto al dinero? ¿Qué decían tus padres? ¿Qué escuchabas a tu alrededor? ¿Qué decían tus familiares, profesores, amigos y demás personas de tu entorno? ¿Qué historia escuchaste con relación al dinero? ¿Qué oíste que decían acerca de las personas ricas? ¿Qué te decías a ti mismo con respecto al dinero? ¿Y, con respecto a la prosperidad, qué oíste?

•Emociones recordadas. Recuerdos grabados de manera emocional:

¿Qué emociones o sensaciones vienen a ti cuando piensas en esa etapa de tu vida? ¿Sientes que el dinero era fácil de obtener? ¿Percibes, inseguridad, miedo o temor relacionado con el dinero? ¿Qué sientes principalmente al pensar en el dinero? ¿Qué es lo primero que percibes cuando piensas en dinero?

•Tu vida actual.

Esos eventos que viviste, escuchaste o sentiste con respecto al dinero, ¿siguen presentes? ¿Estás experimentando situaciones similares? ¿Puedes identificar si existe algún parecido entre lo que viviste y la situación en la que te encuentras? ¿Estás repitiendo algún patrón?

PASO 2: YO TAMBIÉN PUEDO SER PRÓSPERO

7. ¿Realmente creo que puedo ser próspero?

Reflexionemos Sobre la prosperidad. Responde la siguiente pregunta de forma escrita a ser posible con tu mano no dominante: ¿Realmente creo que puedo ser una persona próspera?

8. Creando una imagen de prosperidad.

Crea tu propia imagen de prosperidad (imagen 1), tomate un momento, para pensar qué tipo de prosperidad deseas ¿Cuál sería esa imagen de prosperidad que quieres crear? ¿Cómo te ves, te sientes y te oyes siendo abundante y próspero?

9. Tu percepción sobre las personas prósperas.

Piensa en alguien que conozcas, quizás alguien famoso, que consideres que ha alcanzado la prosperidad, una persona rica y próspera. ¿Qué opiniones tienes con respecto a esa persona?, ¿cuál es la representación que tienes en tu mente de una persona próspera y rica? ¿Te gusta lo que ves? ¿Admiras a esa persona? Y aún más importante, ¿quisieras convertirte en ella? En otras palabras: ¿Qué piensas de las personas prósperas y ricas? (imagen 2).

10. Tu imagen de prosperidad.

•Crea una comparación.

Entre el futuro que deseas (imagen 1), y tu percepción de prosperidad (imagen 2). Usa las dos imágenes anteriores, para actualizar tu visión de prosperidad. Crea tu imagen ideal de prosperidad, agrega o quita elementos en función de lo que has descubierto.

•Realiza una meditación de creación.

Graba en el universo tu imagen ideal de prosperidad. Conéctate con todos tus sentidos, con las imágenes, sonidos, emociones y sentimientos de felicidad, de realización, de armonía, de paz

PASO 3: CREENCIAS CON RESPECTO A LA PROSPERIDAD

11. Mi Mayor miedo hacia el dinero es...

Pregúntate todos los días, por al menos una semana ¿Cuál es mi Mayor miedo hacia el dinero? Luego rastrea de dónde viene, al evento o situación identificada, coloca la imagen en blanco y negro, bájale el volumen y aléjala.

12. Qué creo con respecto a...

•Después de realizar el ejercicio anterior por al menos una semana seguida, responde:

¿Qué creó con respecto al dinero? ¿Qué creó con respecto a la prosperidad? ¿Qué pienso con respecto a las personas ricas? ¿Creo que puedo convertirme en una persona rica y próspera? ¿Me gustaría tener dinero y ser rico? ¿Qué siento cuando pienso en ser rico y tener mucho dinero? ¿Puedo verme a mí mismo siendo una persona rica?¿Puedo escucharme y oírme que soy rico?

- Crea tu propia rutina de prosperidad.

    Dedica 30 minutos al día. Durante este espacio, empezarás a trabajar con las creencias que has identificado hasta el momento. Para cada creencia que puedas identificar, busca el primer recuerdo en donde oíste, viste o sentiste eso, pregúntate de dónde crees que viene. Para borrarla, utiliza la técnica de colocar la imagen en blanco y negro, bájale el volumen y aléjala. Luego modifica tu creencia, transfórmala en algo positivo.

Creencia identificada	Origen de la Creencia	Creencia transformada
Es difícil tener dinero	A mis padres, se les dificultaba generar dinero	Es muy fácil para mi, generar dinero haciendo lo que amo

- Visualiza el futuro que deseas.

    Después de realizar el ejercicio anterior, cierra los ojos y trae a tu mente una imagen del futuro que deseas. Viviéndola y sintiéndola con todo su esplendor, activa todos tus sentidos.

PASO 4: TRANSFORMANDO MIS CREENCIAS

13. Creando mi lista de lo que sí quiero

- Escribe cada una de las cosas que no quieres en tu vida.

    Después, transfórmalas a lo que "sí quieres". Finalmente, olvídate de tu lista de NO y enfócate en la lista de SI.

No quiero	Si quiero
No quiero ser pobres	Quiero ser rico, tener mucho dinero, poder cubrir todos mis gastos
No quiero tener deudas	Quiero ser abundante financieramente
No quiero ser mantenido	Quiero generar mi propio dinero

14. Utilizando Afirmaciones

•Crea tus propias afirmaciones:

Escríbelas en positivo, nunca utilices la palabra NO. Utiliza frases que personifiquen presente, como: ahora mismo, en este momento, en este instante. Incluye la gratitud en tus decretos. Además, puedes utilizar el YO SOY, y escribir el verbo en tiempo gerundio.

15. ¿Cómo utilizar las afirmaciones? Métodos o formas para utilizar las afirmaciones:

- Diario de afirmaciones.
- Técnica del 70X7.
- Afirmaciones grabadas (hipnopedia).
- Afirmaciones frente al espejo.
- Teniendo un compañero de responsabilidad.
- Utilizando recordatorios o Apps.

PASO 5: CREANDO MI VISIÓN DE PROSPERIDAD

16. La Rueda de la vida.

•Realiza una fotografía de tu vida actual utilizando, la Rueda de la vida.

•Analiza tus resultados. Responde a las siguientes preguntas:

¿Cuándo observas tu figura cómo te sientes?
¿Qué pensamientos vienen a ti en este momento?
¿Te sientes conforme con los resultados obtenidos?
¿En qué área obtuviste tu mayor puntuación?
¿En qué área obtuviste tu menor puntuación?
¿En qué área te gustaría empezar a mejorar tu vida?

•Colócate metas para cada una de las áreas de tu vida.

•Escoge el área con la que te gustaría empezar a trabajar. Sigue tu instinto. Responde las siguientes preguntas:

¿Cuáles son tus principales debilidades en esa área?
¿Cuáles son tus principales fortalezas?
¿Cuáles son tus principales amenazas?
¿Cuáles son tus principales oportunidades?
¿Cuáles son tus estrategias?
¿Cuáles son tus metas?

17. Creando tus metas

Sé más específico con las metas que te planteaste, utiliza los pronombres interrogativos: ¿Qué? ¿Cómo? ¿Cuándo? ¿Dónde? ¿Cuál? Y agrégale la palabra ESPECÍFICAMENTE al final de cada pregunta, para poderla definir mejor en tiempo y espacio.

18. Creando un plan de acción

•Elabora un plan de acción para alcanzar tu meta.

Sitúate en la meta y retrocede hasta llegar al presente. Ten en consideración cada uno de los pasos que has dado.

•Vive la meta como si ya fuera una realidad.

Pon por escrito cómo es tu vida una vez que ya has alcanzado tu meta, tenemos que vivir la meta como si ya fuera una realidad.

19. Administrando el dinero de manera adecuada.

Usa el método de las 6 Jarras para administrar tu dinero. La jarra de necesidades básicas, la jarra de las compras a largo plazo, la Jarra de Educación, Jarra de Jugar, Jarra de Dar.

20. Una visión diferente de la Prosperidad.

Conéctate con tu espiritualidad.

DIANA GONZALEZ

Transformational Mentor

www.ingramcontent.com/pod-product-compliance
Lightning Source LLC
Chambersburg PA
CBHW021415210526
45463CB00001B/385